病気の原因はチャクラが教えてくれる

「気づき」で治す、チャクラカウンセリング

橋本典之

たま出版

はじめに

私は生まれつきチャクラやエネルギー体が見えたわけではありません。

この本を読まれているあなたも、チャクラやエネルギー体が見える体質なら、この本を手にとったりはしないでしょう。それでも、思考や心の問題、たとえば環境によるストレスなどが肉体に症状として表面化することはご存知かと思います。

形のないものは理解しにくいものです。私も同じ経験をしているので、よくわかります。かつては、見えない、感じないものについての本を読んでも、「あ～、そうなんだ」くらいの受け取りかたでした。今にして思えば、さほど重要な知識ではないのだろう、と都合のいいように自分で自分をコントロールしていたような気もします。

それが、ある日を境に、チャクラやエネルギー体がわかるようになると、今までの意識は一変しました。肉体にあらわれている症状とチャクラの関係、精神状態とチャクラの関係など、それまでまったくわからなかった真実が急に見えはじめ、心が身体に与える影響を目の当たりにするようになったのです。

それからは、チャクラやエネルギー体からのメッセージをクライアントに伝えるようになりました。すると、身体にさわることなく、みるみる症状は改善されていきました。このとき、心の重要性に気づかされたのです。

それまでは、物理的に身体の症状を改善しようと、さまざまな治療法を学んできました。しかし、結局、症状を改善しているのは身体にある自然治癒力であり、治療家ではないと気づいたのです。

骨格の歪みや痛みは身体からのメッセージですが、これは、まちがった思考や行いの結果としてあらわれています。一般的には痛みや症状はきらわれますが、逆に「どんな意味があるのだろう」と自らの意識を内側に向けてみると、捻挫や足の痛み、癌、うつ病にもそれぞれの意味があることがわかります。

本書は、チャクラの基礎知識から、思考と身体の関係、思考の重要性、病気への具体的な対処法など、これから治療家やカウンセラーをめざす人に役立てていただけるようにまとめてあります。もちろん、すでに治療家やカウンセラーとしてご活躍の方が読んでも、キャリアアップにつながる内容になっています。

治療家やカウンセラーの役割は、クライアントが自分自身の思考や行いに意識を向けられるよう、つねに寄り添い、サポートすることです。答えはクライアント自身のなかにあるのですが、その人がなにを感じ、なにを思い、どう行動してきたかによって、その答えは無限に存在します。それを引き出すのが私たちの役目です。

クライアントの悩みを通して、治療家やカウンセラーもまた成長していきます。なぜなら、私たちの目の前にあらわれるクライアントも、同じ悩みをもつ人間として私たち自身の成長のために選ばれた人だからです。

目次

本人も気づいていない潜在意識の情報を得る
ソーラ・ヒーリング
相手の波長に周波数を合わせて異常を発見、調整する
ヒーリングを受けたあとの変化

第二章　7つのチャクラからのメッセージ――

①ルートチャクラ
代表的な症状は足の怪我、骨折、自律神経失調症
ほんとうの自分自身をしっかりと見つめ直す
②セイクラルチャクラ
環境から自分を守りたいという自己保存の思い
とらわれの枠をはずして、魂を輝かせよう
③ソーラチャクラ
ストレスを抱えている人は、かならず不調和になっている
相手の思いを受け入れる心を養う

クローン病
顎関節症
逆流性食道炎
目の痛み
頸椎ヘルニア
めまい
自律神経失調症
心臓の病気

第四章　治療家やカウンセラーの役割

痛みをとることが治療ではない
痛みや症状はその人の意識を内側に向けようとしている
コルセットはいらない
思い通りにならないクライアント

第五章　「自分のために生きる」生き方

事故や怪我は自分が引き寄せたもの
ネガティブ思考の連鎖を止める方法
物事を楽観的に受け止めて、「中道」で生きる
椎間板ヘルニアの人の共通点
心は気づきを求めている
自分のために生きる
自分軸で見て、他人の想念に引き込まれない
だれでも人を癒せる時代に

巻末付録　クライアントの症例集

約2年ぶりの来院、チャクラがほぼ全滅の女性
足の骨折の予後の調子が悪く、何とかしてほしい
背中の痛み、首や肩の痛み、倦怠感のある人
目の奥の痛み（30代女性）

多少、腰が重い。チャクラの診断を希望（30代女性）
腰が重だるい、疲れやすい治療家（30代男性）
右背部痛（48歳男性）
1か月前くらいに風邪をひき、それから喉の違和感がとれない
めまいがする（40代男性）
6年以上の慢性的な頭痛、吐き気（20歳女性）
肩がこる（自営業・30代女性）
イライラする（主婦・20代女性）

第一章　チャクラを整え、肉体を癒す

身体の中心には、エネルギーの大河が流れている

一般的には、骨や筋肉が身体を支えていると信じられています。それらは目に見えるものであり、実際に身体を支えているイメージが強いので、そういった認識になるのでしょう。

しかし、私は身体を支えているのはエネルギーだと考えています。むしろ、エネルギーが肉体の本来の姿だと思っています。そのエネルギーをコントロールしているのは、思考であり、心です。

治療をしていると、そうとしか思えない現象がたくさん見られます。エネルギーの流れがよくなっただけで、O脚が治ったり、歩行の際の足つきがよくなったり、ばね指が治ったり。そのほかにもまだまだ例はあります。

エネルギーは、人が生まれてから現在までの成績表のようなものです。人はこの世に生まれたとき、丸くきれいな輝きをもった存在ですが、生きていく過程において、家庭教育、学校教育、社会情勢、ＴＶ、ラジオ、そのほか多くの情報にふりまわされていきます。そして、歪んだもののとらえかたや考えかたを選択してしまい、自分で検証していないものまでも事実と認め、思いこんでしまいます。その結果、固定観念として自分という個性をつくりだしていきます。

エネルギーは身体の中心に大河のように流れています。その大河は支流となって、手や足に流れていきます。このエネルギーの流れが悪くなると、肉体は栄養がなくなったかのように弱々しくなります。私はこの現象を「軸がぶれる」と呼んでいます。たとえば、どちらかの足のエネルギーの流れが悪くなると、骨盤、股関節、膝、足首の関節の動きに問題が発生します。そして、エネルギーの流れがしっかりしている側に負担がかかって疲労していきます。

エネルギーの流れが悪くなった側の足はほとんど使わないようになり、ふつうに立っている状態でも足つきが悪く、重心もかたよってきます。クライアントは右足が痛いと訴えているのに、実際の不調和の場所が左足だったりする場合がよくあります。この場合は、原因となった左足のエネルギーから流れをよくしなければなりません。エネルギーを操作して、弱々しい側の流れを正常にすると、足つきもよくなり、身体のバランスも正常にもどります。

とはいえ、骨格を矯正して一時的によくなったとしても、身体の真ん中を走る本流＝思考の問題が解決しないかぎり、いずれ流れは悪くなります。思考の問題はこれから述べていきますが、重要なのは、これらはクライアント自身の問題であり、本人の気づきが必要になるというところです。

軸がぶれると自律神経が乱れ、病気の原因になる

思考によって軸がぶれる（本流のエネルギーの流れが悪くなる）と、自律神経にも大きく影響してきます。

自律神経は交感神経と副交感神経に分かれています。自分の意思でコントロール

できないものです。

交感神経は、体を活発に活動させるときに働く神経であり、「闘争と逃走の神経」と呼ばれています。血管を収縮させ、心臓を活発に動かしたり、気管支を拡張したりして、相手との戦いにそなえる働きをするからです。

交感神経が運動時などの興奮したときに活発化するのにたいして、副交感神経は体がゆったりしているときに強く働きます。とくに、食事中や睡眠中に活発になり、身体を休めるときには、食物の消化にかかわってくれます。

すべての病気の原因がこの自律神経の乱れにある、という説もあるくらい、自律神経は重要です。公園のシーソーを想像してみてください。まず、ストレスにより交感神経がシーソーを大きく沈ませます。それを副交感神経が正しくもとの位置にもどしてくれるのが正常な状態です。

ところが、本人も気づかないまま、交感神経の興奮により、シーソーが大きく沈んだまま、というケースがあります。それがまさにバランスをくずした状態です。自分ではリラックスしているつもりでも、潜在意識下では「自分との心の葛藤が生じたまま、自律神経のシーソーは交感神経に寄ってしまっている」状態なのです。

こうなると、つねに不安、恐れをもつようになってしまいます。または、怒りやすくなります。興奮状態なので内臓へいく血流も減り、その結果、内臓の機能低下が起きます。同時に、筋骨格のアンバランスも生じ、身体にコリや痛みが発生します。その後、内臓の機能障害が発生して、内臓疾患につながり、病気が発生するという仕組みです。

病気のもとになる自律神経の乱れは、その人の思考（顕在意識と潜在意識）によって起きます。

潜在意識といわれてもピンとこなければ、こんな経験はありませんでしたか。車を運転しているとき、ラジオを聞いていたのに、つい聞き逃してしまった。あるいは、テレビドラマを見ていたはずなのに、ストーリーの一部が思い出せない。そんなときは、無意識にいろいろ考えている状況です。人は気づかないうちに、それほど多くの物事を無意識に考えているのです。

ちなみに、動物は軸がぶれません。人間だけがぶれるのです。人間には理性や知性があるからです。自分の思考で多くを考え、なにかを選択するとき、自分にとって有利か、不利かを考えたりします。また、不安や恐怖をつねに持っています。このような「自己保存の思い」が軸をぶれさせるわけです。

自然界の動物のように生きるのは不可能ですが、せめて相手の立場を考えられるだけの気持ちの余裕や、大局から人生をながめられる気持ちをもちたいものです。自己保存の思いに関しては重要なので、これから本書でじっくりと述べていきます。

チャクラは肉体と深くかかわっている

チャクラはサンスクリット語で「車輪」を意味します。

肉体には正中線（前面・背面の中央を頭から縦にまっすぐ通る線）上に7つのチャクラが車輪のように存在しています。それらは時計まわりに回転しながら、エネルギーを入れたり出したりしています。

それぞれに意味をもち、その人のどこかにまちがった思考があると、その思考に応じたチャクラの動きが悪くなり、色やバイブレーションを変えていきます。チャクラは下から順に、ルートチャクラ、セイクラルチャクラ、ソーラチャクラ、ハートチャクラ、スロートチャクラ、ブラウチャクラ、クラウンチャクラと呼ばれます。一部例外もあるようですが、下部のチャクラから順番につくりあげられ、7つのチャクラが形成されていくといわれています。

人の成長とともにあらわれる人間関係の問題。そこから生じる不安や苦悩。そして、ネガティブな思考や行い。それらがチャクラの形成に影響して、そのときの傷跡としてエネルギーに記憶されます。

7つのチャクラはそれぞれの存在する位置に近い、内分泌や臓器、ホルモンと深くかかわりあっています。ホルモンは各内分泌から放出される物質で、一部の器官や体の機能をバランスよく、正常に働かせる目的をもっています。

7つのチャクラから入ったエネルギーは、内分泌から神経や血管で全身に運ばれていくわけですが、チャクラの不調和が起きると、ホルモンのバランスが崩れて、肉体にはさまざまな症状があらわれます。

7つのチャクラの上から、クラウンチャクラ↓松果体、ブラウチャクラ↓脳下垂体、スロートチャクラ↓甲状腺、ハートチャクラ↓胸腺、ソーラチャクラ↓膵臓、セイクラルチャクラ↓卵巣・精巣、ルートチャクラ↓副腎に関連しています。チャクラはこれらの内臓の機能を低下させて、肉体に精神や感情の状態を知らせているのです。

ちなみに、オーラは海、チャクラは渦にたとえられます。

オーラは全体的にその人の精神、感情の状態、個性を表現しています。

チャクラには、今の意識状態や現在や過去の断片的な精神、感情の状態、不調和が記憶されています。そして、生まれ育つ過程においての経験や学びに応じて、人によってバイブレーションや開き具合を変えていきます。オーラもチャクラもその人の思考や行いによって日々変化しているものであり、バイブレーションによって放たれる光や色は一定ではありません。

【チャクラとその位置】

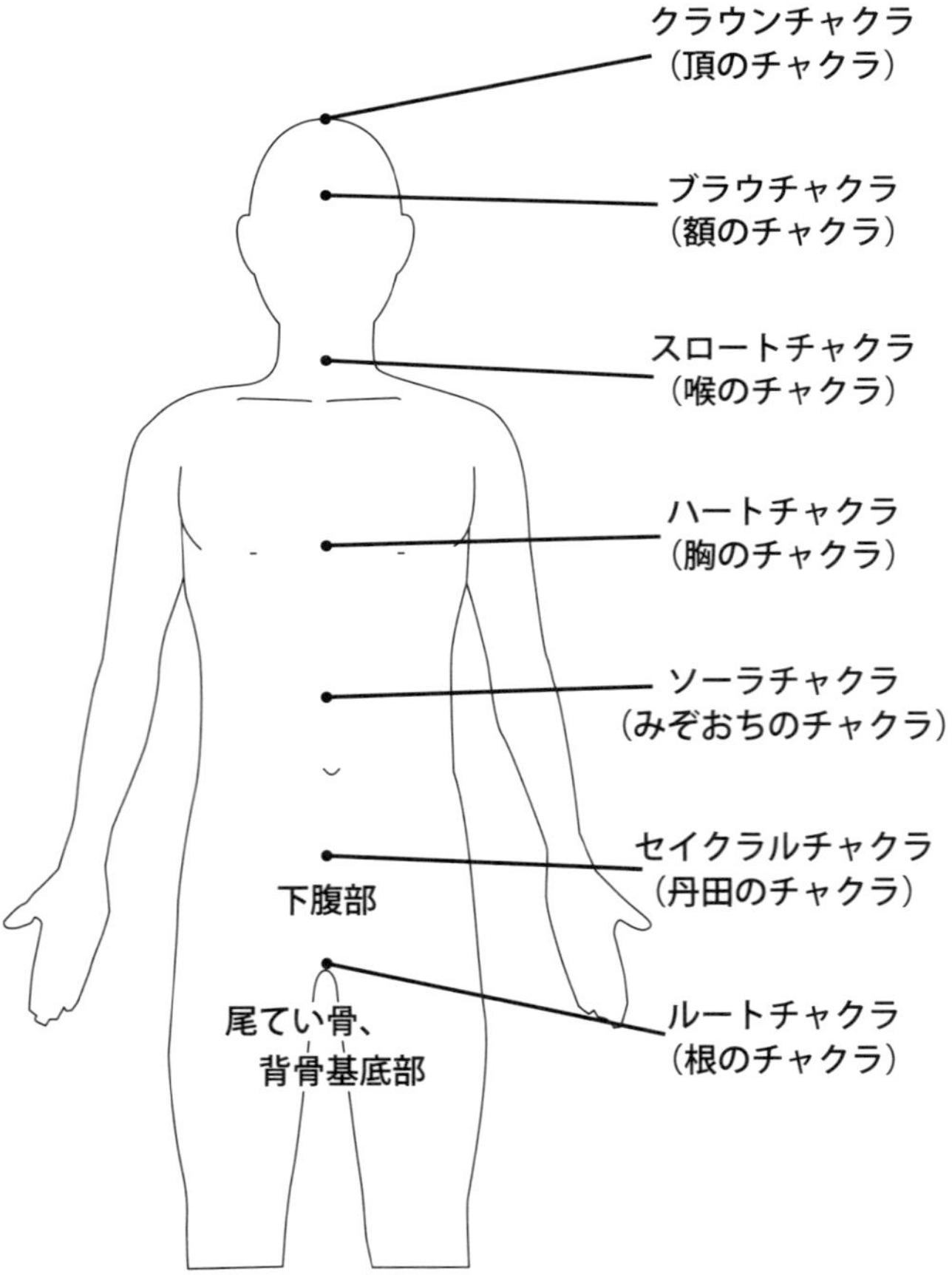

クラウンチャクラ
（頂のチャクラ）
ブラウチャクラ
（額のチャクラ）
スロートチャクラ
（喉のチャクラ）
ハートチャクラ
（胸のチャクラ）
ソーラチャクラ
（みぞおちのチャクラ）
セイクラルチャクラ
（丹田のチャクラ）
下腹部
ルートチャクラ
（根のチャクラ）
尾てい骨、
背骨基底部

7つのチャクラ

くわしくは後述しますが、7つのチャクラについてざっと解説しましょう。

「ルートチャクラ」は尾骨の下に位置するチャクラです。

百合の花が下を向いて咲いているようなイメージです。なにかを恐れていて、自ら立ち上がろうとしない。進路や生きかたに迷いがあって、前に進めない。ルートチャクラに異常のある人は、このような状態が多く見受けられます。

「地に足がついていない」という表現がありますが、実際に足に問題があらわれるケースが多いようです。ほかには、下半身の関節の異常、慢性の腰痛、坐骨神経痛、癌、うつ病、免疫系の疾患など、身体の機能不全があらわれます。

「セイクラルチャクラ」は骨盤の中央、女性の子宮のあたりにあります。

ここに異常のある人は、人間関係、とくに1対1での問題を抱えている場合が多いようです。また、環境の変化に敏感なチャクラなので、その人が変化に対応できていないとなんらかの問題が出るケースが多く見受けられます。

自尊心の欠如や罪悪感、お金やセックスにたいする執着などもかかわってくるところです。女性なら婦人科の問題や膀胱炎、男性なら過敏性大腸炎などを訴える人が多く、慢性腰痛、坐骨神経痛、泌尿器や味覚の問題などの機能不全もあらわれます。

「ソーラチャクラ」は胃のあたりに位置します。

ここに不調和のある人は意志が弱く、ほかの人の意見にまどわされて自分の意見が言えず、ストレスを感じています。グループや会社など、組織内の問題が多いのも特徴です。

イライラしてカッとなりやすい、自分が決めたことにたいする責任感が強い、批判されることへのストレスを強く感じている、という精神的な傾向があります。その結果、胃や消化器系の問題が出てきます。背中に張りがある、身体がだるいといった症状や、胃潰瘍、十二指腸潰瘍、糖尿病などの機能不全もあらわれます。

「ハートチャクラ」は心臓のあたりに位置します。

ここに異常のある人は人間関係で傷ついている、または自分自身を好きになれないといったパターンが多いようです。愛や憎しみ、拒絶感、悲しみ、怒り、寂しさ、孤独なども影響します。その結果、背中の痛み、心臓、呼吸器に問題が出ます。心筋梗塞、喘息、アレルギー、気管支炎、乳癌などの機能不全もあらわれます。

「スロートチャクラ」は喉のあたりに位置します。

このチャクラは自己表現、つまり、創造性と表現力を意味します。自分の思いと主張にギャップがある、本音と建前がちがう、という場合にストレスを感じて影響されます。ここに異常のある人は、自分をうまく表現できていなかったり、コミュニケーションを苦手と感じていたりします。

問題はおもに喉の周辺にあらわれます。咽頭炎、気管の問題、甲状腺の問題が起こる可能性があります。顎関節症、側腕症、聴覚に障害の出る人もいます。

「ブラウチャクラ」は眉間に位置します。

ここに異常のある人は、周囲でなにか問題が起こっていていきづまり、道に迷っているかもしれません。自分の目標が見えなくなって、不安に感じていたり、自由になりたいと強く感じていたりするケースもあります。

それが、めまい、立ちくらみなどの脳神経の問題、視覚や聴覚の障害、自律神経の問題となってあらわれます。

「クラウンチャクラ」は頭頂部上に位置します。

ここに不調和のある人は、自分に自信がもてなくて、判断に迷っているかもしれません。自分の考えが強すぎて、直感的に生きられないのでしょう。つねになにかを考えていて、自分に不安をもっている場合が多いようです。

症状は、頭痛や肩コリ、不眠、慢性的な疲労、そのほかに光や音に過敏になることもあります。

チャクラの不調和をそのままにしておくと、肉体の症状としてあらわれ、最悪の場合には悪性腫瘍になる可能性もあります。

とはいえ、チャクラの不調和はだれにでもあるもので、不調和があるからダメだというわけではありません。その意味を探り、感じ、知ることに重要な意味があります。

あくまでも魂からのメッセージなので、わかってほしくて送っていると考えてください。本人が理解せずにそのまま放置してしまうから、さまざまな痛みや症状を出すのです。メッセージをわかってあげれば、肉体の痛みや症状は消えていきます。

思考の軸の傾きとチャクラの歪み

チャクラはホルモンのバランスを崩して肉体にさまざまな症状をあらわすと解説しましたが、チャクラそのものにも歪みは生じます。

チャクラが歪むのは、それぞれのチャクラの特性が関係しています。７つのチャクラのひとつだけが歪んでいる場合と、複数歪んでいる場合では、思考にもちがいがあります。

脳はそれぞれのチャクラからさまざまな情報を集めて、総合的に考え、感じて、イメージしています。７個のチャクラすべての想念を総合的にまとめたものが、人間の「思考」です。私はこの思考を「軸」という概念でとらえています。

チャクラは年齢とともに下部チャクラより形成されていきます。幼少のときのまちがった擦り込みなどで思考が固定され、そのまま成長してしまうと、固定された思考によって多くの苦しみを生んでしまいます。

それによって、歪んだ思考がまず自律神経のバランスを崩し、内臓の機能を低下させ、骨格の歪み、痛み、病気をつくるのです。

思考の軸はふだん、右に行ったり、左に行ったり、前に行ったり、後ろに行ったりしています。右脳的なイメージや連想、直感などの思考にかたよれば、軸は右に傾きます。左脳的な思考、つまり、合理的で論理的、過去を思う気持ちなどの思考にかたよれば、左に傾きます。前に軸が傾くのは未来にかたよる思考、後ろに傾くのは過去にとらわれる思考です。

チャクラは肉体の前面にそれぞれが縦一列に並んでいます。思考の軸が傾くと、チャクラの位置は列から乱れて微妙に右に歪んだり、左に歪んだりするようになります。

潜在意識からのメッセージ

チャクラは立体的に存在しています。

過去のトラウマやとらわれがたくさんあると、チャクラはさらに奥行があらわれ、その意味を私たちに伝えようとします。

私はチャクラの奥行は遠い過去につながっている、と考えています。

奥行のあるチャクラは、過去のネガティブな経験を解決できなかった、その人へのメッセージではないでしょうか。それを伝えたくて、何年もの年月が経った今に向けて、不調和な波長を発信しているように感じます。つまり、不調和は本人の意志の弱さがつくりだしているのです。

過去に犯したまちがいが肉体レベルであらわれているのは、因果の法則です。自分の蒔いた種は自分で刈りとるようになっているので、自分の子どもがかわいそうだからと、親が代わってあげることもできません。

不調和な思考や行いをしたとき、心は動揺します。心の動揺はすぐに身体に反影されるわけではありません。かならず、タイムラグがあります。心そのものはとても次元の高いものであり、現実の物質世界とは次元がちがうので、物質世界＝肉体への影響は少し遅れてやってくるのです。

だからこそ、人は自分の犯した過ちに気づかない場合が多いのでしょう。かりに、気づいていたとしても、自分の犯した過ちや失敗をなかったこととして、潜在意識の深いところにしまいこんでしまうのです。これが、人間のもつ「自己保存の思考」です。潜在意識深くにある過去の記憶は、なかなか自分の顕在意識の思考では気づけなくなってしまいます。

しかし、「人間は顕在意識が10％、潜在意識が90％で生活している」と言われます。正確に表現するなら、「90％の潜在意識にコントロールされた、10％の顕在意識で生活している」わけで、深いところへしまいこんで忘れたつもりでも、潜在意識はしっかりと記憶していて、心をまどわしはじめます。そして、過去から引きずってきた想念が、時空を超えて、今のその人自身に影響を与えます。ですから、本人が本気で自分自身と向き合う決意をしなければ、身体にあらわれている痛みや症状のほんとうの原因を見つけるのは不可能です。

原因はその人の心が知っています。謙虚になれれば過ちは見つけられます。

カルマとチャクラ

だれにでもかならずカルマはあります。なぜなら、なければ生まれかわる必要がないからです。カルマは今世、または過去世から何世代も転生を重ねて、自分自身に向けられた課題です。

生まれてくるときに過去の記憶は消されますから、自分にとってなにがカルマなのか、さっぱりわからないで年月を過ごすはずです。しかし、人生を重ねるたび、自分の弱い部分が何度もくりかえされていることに気づくでしょう。

カルマは、たとえば「愛」について多くを考えさせる体験をさせたり、「表現」について自分を見つめる機会を与えたりするわけですが、ひとつの現象ではなく、無限の現象としてあらわれます。

しかも、遠まわしにあらわれるので、なかなか本質に気づかないケースが多いのです。カルマだと気づけば対処もできるのですが、ほとんどの人は現象をカルマとは思わず、解消するどころか、「相手が悪い」「なんで自分ばかりが」という思考におちいって、せっかくの気づきのチャンスを逃す場合がほとんどです。

とはいえ、カルマはすべて自分が決めた課題ですから、かならず課題にかかわる問題が発生します。それをどうクリアするか、挑戦しているのです。

カルマを知ることは、自らの弱さやなにをするために生まれたのかを知る手段になります。また、気づいていれば前もって予防線を張れますし、感情のままにカルマが出そうになっても冷静にとどまれます。

そのカルマがメッセージとしてあらわれているのが、チャクラです。人間なら、だれしも自分のダメなところは改善したいと思っているはずです。それを乗り越える際に、気づきも学びもあるのです。

チャクラカウンセリング

チャクラカウンセリングは、まず、カウンセラーが身体をとりまくエネルギー体や7つのチャクラに意識を集中し、不調和を発見します。チャクラの不調和から、そこに関連する精神や感情の問題を発見すると、さまざまなキーワードで質問を投げかけ、チャクラの反応を見ながらカウンセリングしていきます。

このときのクライアント自身の言葉によって、クライアントが過去に犯した過ちに気づくと、歪みや症状が消えていくというものです。表面的に見れば、心理療法に近い治療法に見えるかもしれません。

ちなみに、心理療法はアメリカが発祥の地といわれています。ユング（スイスの精神科医・心理学者）やフロイト（オーストリアの精神科医・精神分析学者）などを起源としているようです。

心理療法は、悩み苦しむクライアントの心の内に耳を傾け、ひたすら聞く方法をとります。それによってクライアントが自分の思考や感情に気づき、整理して、どうしたらいいのかを自分で決められるようにアプローチしていきます。自主的に考えて動き、自己主張するというアメリカ人の気質にはそれが合っていたのでしょう。

このカウンセリング技術が、日本人には合っていないのではないか、と感じてしまうのは私だけでしょうか。それを裏づけるかのように、現代の日本では、かつて見向きもされなかったアドラー心理学が見直されてきています。

アドラー心理学というのは、オーストリアの精神科医であるアルフレッド・アドラーが提唱したもので、彼は、トラウマの存在を否定したうえで、「人間の悩みは、すべて対人関係の悩みである」として、対人関係を改善する具体策を示しました。主に、著作、講座からの座学、実践、さらにグループ活動のなかで議論しながら学んでいく手法をとります。

日本人は控えめで、相手を立てるという気質ですから、自主的に行動するといったアメリカ人とはずいぶんちがいます。ひたすら自らの心にある思いを話し続けるのも苦手なのではないでしょうか。

私の経験からいえば、日本人には正しい生きかたや道を示してあげて、「こういう考えかたはどう?」「こんなとらえかただと楽だよ」「こう行ったらどう?」と、ある程度、指示してあげたほうが、素直に相手の気持ちがこちらへ向いてくるように感じます。

私が実践しているチャクラカウンセリングは、言葉だけをとらえると、西洋寄りのイメージをもたれるかもしれませんが、実はとても東洋的です。

カウンセリングですから、クライアントの心の内も聞きますが、メインはチャクラやエネルギー体から発せられる「改善を求める内からのメッセージ」にこちらが波長を合わせ、とらえることです。その情報をクライアントに伝え、クライアントの気づき、行動を促していきます。

これまで解説してきたように、チャクラのメッセージは潜在意識からのメッセージです。チャクラカウンセリングでは、その人の本質的なところへ直接アプローチするため、通常のように時間がかからないのが特長です。

クライアントは必要以上に語る必要はありませんから、すべてをさらけ出すこともありません。西洋のカウンセリングと仏教のエッセンスを融合させたこのカウンセリングは、多くのクライアントに気づきをもたらし、心と身体の不調を解放させています。

本人も気づいていない潜在意識の情報を得る

クライアントの顔色や話す言葉のニュアンスでも、ある程度の心理は読みとれます。しかし、この方法ではやはり時間がかかります。

チャクラカウンセリングでは、カウンセラーがチャクラやエネルギー体を感じとれるようになると、クライアントの心や潜在意識の状態が手にとるように理解できます。ですから、ふつうのカウンセリングが2～3時間かかってしまうところを、身体からのメッセージを多く受けとるこの手法なら、30分～1時間でじゅうぶんな気づきと効果が期待できます。

また、クライアント本人も気づいていない潜在意識、エネルギー体の情報、過去のエネルギー、思考の軸の乱れなど、深い情報が得られます。このとき、クライアントの潜在意識にどれだけ深くカウンセラーの意識を入り込ませて、より多くの情報を得るか。それが、クライアントを正しい思考や行いに導くための手がかりになります。

肉体にあらわれる多くの症状は、クライアントの思考が原因で起こっているものが9割、物理的な使いかたのまちがいが1割、と私は考えています。つまり、肉体にあらわれる症状はその人の今までの生きかたの評価であり、結果なのです。

チャクラを通して、いつごろ、どんな考えかたに問題があったのかも知ることができます。多くは7つのチャクラに傷を残し、バイブレーションを低下させ、不調和な波動を出しています。それはかならずしも悪いことではなく、「(チャクラが)機能を低下させたときに気づかず、そのときの学びのチャンスをあなたは逃しましたよ」という警告のメッセージです。そこに気づけば、魂は癒され、光を放ち、身体に癒しを与えるのです。

それぞれのチャクラに個別の意味や特徴があるのは、人間として成長するのに必要な学びを与える役目があるからかもしれません。身体の不調和を感じて、自らの思考や意識のまちがいを知り、行いの誤りに気づくことができる――もしかしたら、それは神のはからいなのかもしれません。

ソーラ・ヒーリング

チャクラカウンセリングは、もともと私が行っている独自の治療法、ソーラ・ヒーリングから派生して進化したものです。

ここで、そのソーラ・ヒーリングについて簡単に述べておきましょう。

ソーラ・ヒーリングというのは、ＤＩＰ関節テスト（くわしくは後述）によってクライアントの身体を調べ、骨格や内臓その他の異常がわかると、その場でエネルギーの流れをよくするヒーリングです。

異常はエネルギーとして感じるので、チャクラを意図的に操作できます。

不調和になったエネルギーには、流れをブロックするものがあります。そこで、エネルギーが正常に流れるようにそのブロックをはずし、身体を調整して、最後にエネルギーの流れを助長させていきます。

本流である身体の正中線のエネルギーの流れが正常になっても、支流である内臓や神経、筋、骨格などは正常にならないので、本流と支流の両方を調整します。

また、なぜそのチャクラに不調和が出ているかなど、精神的なアドバイスをすることでチャクラの活性化を促していきます。

すると、さっきまで異常な反応をしていた臓器が正しく調整されて、触診すると臓器が軽くなったり、柔らかくなったり、張りが出たりするのがわかります。

実際に、私のソーラ・ヒーリングのセミナーに参加したみなさんは、ビックリするようです。きちんと学べば、ふつうの人がたった数時間で、筋・骨格の完全な矯正を、さわらないで行える技術だからです。

参加した人は解剖学もわからず、骨の位置や形すらわかりません。

「そんな人たちに歪みがとれるはずがない」

これが一般的な定説です。しかし、ソーラ・ヒーリングのセミナーではそんな定説がふっとんでしまいます。定説などは思い込みにすぎません。固定観念を自分でつくりあげ、できない理由をならべて、やる前からできるはずがないとだれもが思っているだけです。

とはいえ、そう思うのも無理ありません。だれもが「医学の知識がなければ、身体を治しようがない」と刷り込まれてきたからです。

でも、もし、身体の治しかたを身体自身が知っていて、身体自身が治していくとしたらどうでしょうか。

そうです、そこに偉大な自然の力が働くのです。そもそも「身体の不調を治しているのは人間だ」と勝手にかんちがいしているだけで、ほんとうに治しているのは身体自身の自然治癒力です。その根本の考えさえ理解できていれば、主婦でもサラリーマンでもヒーリングは可能です。

海外、国内のヒーリングの多くは、ただ漠然とエネルギーを入れたり、流したりして、痛みをとりのぞこうとしています。また、癌を滅ぼす、病気をなくすなど、最終的な結果のみに意識を向けるものが多く、ソーラ・ヒーリングのように、肉体レベルでの変化にあまり意識を向けていないように思われます。

筋・骨格だけのヒーリングでは、クライアントの気づきは少ないものです。高次元のエネルギーのヒーリングによって、低次元である身体の筋肉や骨格に変化を起こすと気づきを多く得られます。

ただし、高次元のエネルギーのヒーリングだけでは身体の変化にまったく気づかない人もいますから、ヒーリングは低次元と高次元、どちらにかたよってもバランスの悪いものになってしまう、と私は個人的に感じています。

ソーラ・ヒーリングは、仏教でいう「中道」（次項で解説）というスタンスにヒーラーが立ちます。肉体でもエネルギー体でもない、ちょうど中間の思考でクライアントと接します。それによって、出会いの目的を果たし、気づきのチャンスを与えていきます。

相手の波長に周波数を合わせて異常を発見、調整する

肉体レベルの異常を見つけ出すには、「ＤＩＰ関節テスト」という方法を用います。これは、左手薬指のＤＩＰ関節（一番外側の関節）の下に同側の親指を固定指として添え、右の親指と人差し指で左の薬指の先をつまみ、外旋（時計まわり）させま

す。異常があれば靭帯《じんたい》が緩み、外旋していきますが、異常がなければまったく動きません。

このテストは私が考案したもので、少しの訓練でだれにでもかんたんにできます。直接体にふれてもいいし、ふれずに離れて目で見るだけでも、正常か異常かの判断ができます。一流の治療家になるためのツールとして使える、便利なテストです。

身体の組織は、脳で異常を感じると弛緩します。とくに指は、脳の大脳皮質に占める領域がほかと比較してもかなり広いため、脳に異常を感じるとすぐに反応するのです。この関節の緩みを利用して、正常、異常の判断をします。

とりわけ、指のなかでも薬指は、ピアノの演奏をする人にとっても、とても扱いにくい指のようで、力も入りにくいそうです。力が入りにくいということは、自分の意思では操作しにくいということなので、検査の結果が明確にあらわれるのです。

このＤＩＰ関節テストで、すべての器官や臓器を入念に調べていきます。

クライアントと相対し、意識を集中させ、ただ相手の身体にチャンネルを合わせます。心を静かにして、心の湖面を鏡のような曇りのない状態にします。感じる、

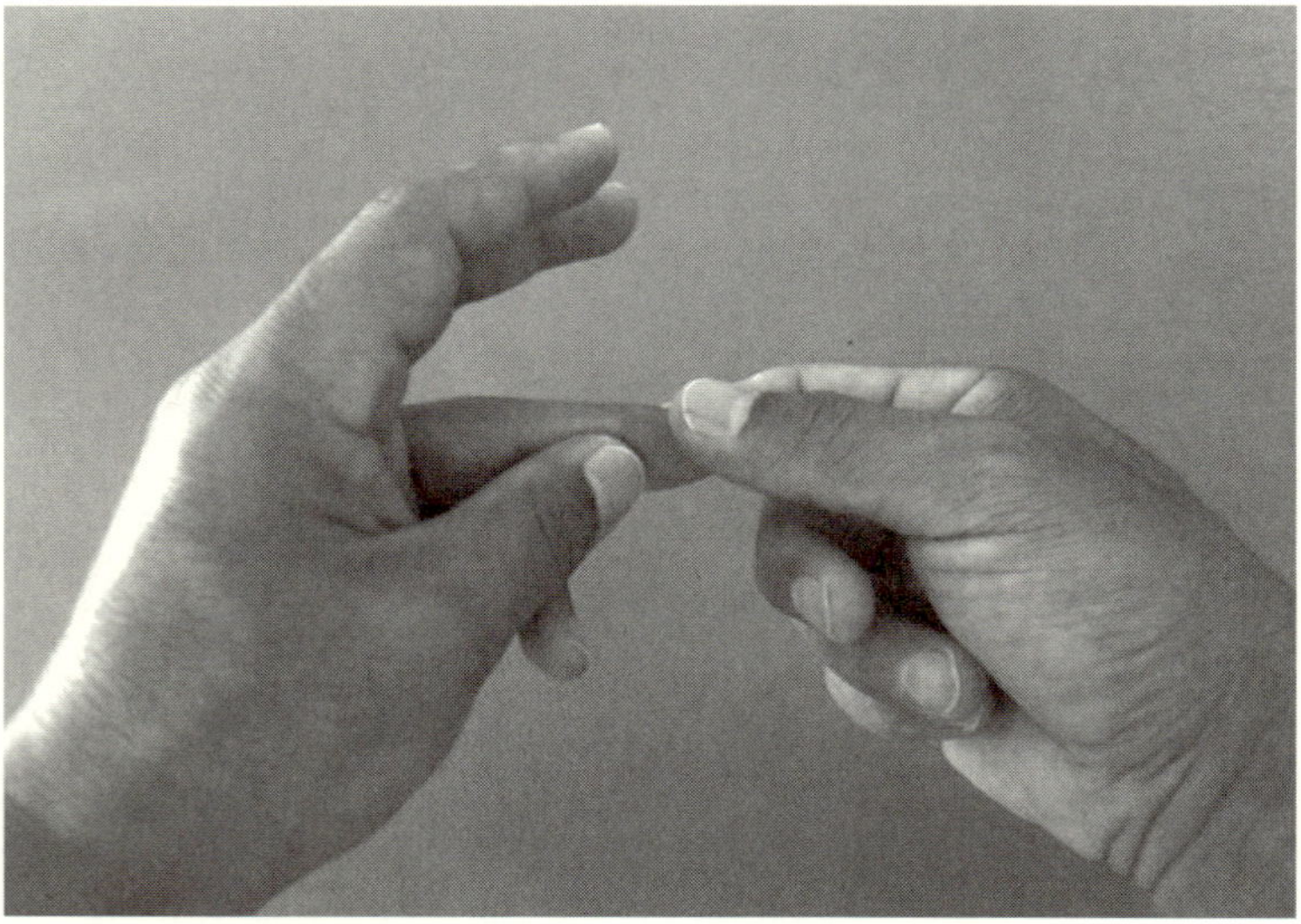

身体の異常を見つける「DIP関節テスト」

理解することだけに神経を集中させます。曇りのない状態になればなるほど、相手の情報を感じやすくなります。これが「中道」のスタンスです。

相対する人の異常を感じられたときは、相手と同じ波長に周波数が合っています。ラジオのチューニングとまったく同じです。

そのとき、すでにヒーリングが起こっています。異常を感じた箇所にエネルギーが流れはじめているのですが、それからチャクラの1～7番までの流れを正常にすることで、より安定したエネルギーを供給していきます。

ルートチャクラに意識を合わせ、ただ宇宙と一体となった静けさをつくるのです。そうすることによって動きが助長されていきます。その波動が上へ向かって連鎖し、すべてのチャクラの動きが活発になり、体全体が変わっていきます。

こうして、クライアントの自然治癒力を促進させます。

ヒーリングを受けたあとの変化

多くの人は、ヒーリングを受けたあと、いったんバイブレーションが下がります。自分自身の想念から不安や恐れ、怯えなどが湧きあがり、不安定な状態になり、症状の回復が小康状態になります。

その期間は「自分を信じられるのか」という上（神）から試される期間といってもいいでしょう。長さは人によってまちまちで、小康状態の続く期間が1週間の人もいれば、数カ月という人もいます。そのあいだは苦しいものの、決して悪くなっているのではなく、過去のとらわれとの葛藤が生まれている状態にすぎません。

なぜ、そのようなことが起きるのか。それは次元が関係しています。

過去の生活から「今」の生活に意識が変わると、それが未来をつくります。つまり、1段階上の次元に自らの気づきと勇気で上がり、ちがう次元の生活をはじめるのです。

とはいえ、上がりたてホヤホヤの次元なので、そこではみなさん、まだ右も左もわからない新人です。そのため、不安が出て、試される期間中は、入りたての次元と下の次元を行ったり来たりしている、不安定なレベルにあります。

いままでの「とらわれ」も残っているなかでの新次元での生活です。不安が出るのも当然でしょう。昔、小学校に上ったばかりのころを思い出してみてください。小学校1年生の子供の心は、不安や恐れでいっぱいだったはずです。友達はできるだろうか、先生はやさしいだろうか、学校は安全だろうか、と。

ヒーリングを受けたばかりのクライアントは、まさしくこの小学校に入りたての子供のようなものです。新しい次元に勇気を出して飛び込んだのはいいけれど、安全で守られていた昔の世界のほうがよかったのではないか。無意識でそう思ってしまっています。

とはいえ、時間がたつにつれてその生活にも慣れ、本来の自分らしい姿で楽しく輝くようになります。過去の自分を捨て去り、新しい自分に変化します。次元を変えて生きるとは、生きながらにして輪廻していることといえるでしょう。

第二章　7つのチャクラからのメッセージ

7つのチャクラが不調和を起こしたとき、そこにはメッセージがあります。
では、ひとつひとつについて解説していきましょう。

①ルートチャクラ

☆知らせているメッセージ
孤独　成功や失敗の恐れ　強迫観念　無関心　無気力　生きる力

☆あらわれる症状
自律神経失調症　免疫系の疾患　下肢の疾患　足の骨折や捻挫　坐骨神経痛　摂

食障害　直腸腫瘍　直腸がん　大腸がん　骨の疾患　骨粗しょう症

☆思考のヒント

生きていくことへの決意をもつ。自分の人生は自分の成長のために存在している。恐れて怯えるのではなく、立ち向かう勇気をもつ。

代表的な症状は足の怪我、骨折、自律神経失調症

ルートチャクラは、樹木でいえば、根の部分にあたります。根は大地から水分や栄養を取り入れ、まっすぐ天に向かって伸びていきます。根は幹を支える役割があるわけですから、今後、大きく育つためにはとても大切です。台風にも、大地を揺らすような地震にも耐えなければなりません。

ここがしっかり機能していれば、強く生きることができます。弱まったり、歪みが生じてきたりすると、おもに骨盤から下にその影響があらわれます。足の怪我や痛み、直腸や大腸の問題、さらに、摂食障害も起きます。

根のチャクラが弱るわけですから、大地からのエネルギーの流れが遮断され、骨盤内や足にいくエネルギー量が少なくなります。すると、骨や筋肉、内臓への栄養が少なくなり、力強さを失っていきます。

ルートチャクラが不調和なクライアントは、フラフラと安定感のない歩行をしています。正しく「地に足がついていない」状態です。これは、過去において、生きることに疑問や不安を感じ、それが傷跡として記憶に残っているケースです。

また、潜在意識で「生きるための将来の不安」を感じているときには、スポーツなどで足の骨折や捻挫をするケースが多く見受けられます。生きるのを拒絶したり、希望を失ったりしても、機能は損なわれます。

「たんなる怪我なのだから、潜在意識と関係ないのでは?」

と言う人もいますが、精神や感情が乱れての結果、と考えるとわかりやすいと思います。両者は関係が深く、ルートチャクラの機能が落ちていると、骨折や捻挫が治りにくかったり、慢性的な下痢や便秘につながったりするのが特徴です。

また、足の骨折後、地球とのエネルギーのつながりが悪くなり、さらにルートチャクラが弱るケースもあります。こうなると、いつまでたっても治癒せず、自分の足で歩くのがむずかしく感じるようになります。

自分自身の立ち上がる力が不足しているときこそ、自然治癒力を発揮させるには、地球のパワーが大切だと理解してください。

ルートチャクラの不調和では、もうひとつ代表的な症状があります。

自律神経失調症です。厚生労働省によると、「日本人の約15人に1人がうつ病にかかった経験があり、10人に1人が不眠症である」といわれています。

このデータ以外にも、正確に統計に入っていないプチ自律神経失調症の人口は年々増え続けています。たとえば、抑うつ状態が毎日続くわけではないものの、1日のうちの夕方から夜にかけてとか、週に1~2日だけとか、一定の時間だけ症状が出るという人です。いまや、自律神経失調症はだれでもかかる病気になったといっても過言ではないでしょう。

自律神経失調症で来院されるクライアントには、共通点が存在します。目のまわりがボヤ~ッとしているのです。目に力がなく、「心、ここにあらず」という状態です。

考えごとをしている人は、眉間に手を当て、うつむき加減で頭を前に倒しています。自律神経の疾患をもつクライアントも、つねに頭のなかがなにかしらの考えでいっぱいになっているために頭が重く、前に倒れそうなくらい、想念が頭の前方に出てしまっています。

想念とはモヤモヤした雲のような存在であり、頭のなかがいっぱいになると頭から飛び出してくるようです。ヒーリングによって、クライアントに想念を引っ込めてもらうと、キリッとした表情に変わっていきます。

ほんとうの自分自身をしっかりと見つめ直す

自律神経の疾患や自律神経失調症には、一般的に頑固、真面目、お人好し、几帳面な人がかかりやすいようです。

いやなのにいやと言えずに無理してやってしまう。責任感が強すぎるため、身体は拒否しているのに最後までがんばってしまう。まわりの期待に背きたくないと思い、できない自分を責めて問題を解決しようとする。そんな人たちです。

自分を責めたところでなにも解決しないのは、だれもがわかっています。それでも止められず、負のスパイラルに入ってしまい、どんどん落ち込み、暗い想念で自分が包まれてしまいます。

しかし、ほんとうの心の声はこうなのでしょう。

「やってられるか～！」「自分の気持ちはこうなんだ！」「俺はお前のいいなりにはならないぞ！」「なんで俺がやらなければならないんだ！」

その声を心のどこかで聞いているのに、無視してやり続け、最後にはできなかった自分を責めます。多くの病気は自分の心の声を無視した結果です。

こんな反論もあるかもしれません。

「仕事だから、自分がやらなければしかたがなかったんだ」

そうですよね。でも、ほんとうにそれしか道はなかったのでしょうか。ちがう道があったとしたら。病気にならないほかの人は、ちがう道を選んでいませんか。

自分が正しいと思った道は、ほんとうはまちがった道だったのかもしれません。その道を進むうちに、どこかでまちがった見かたをしていたり、人と自分を比べていたり、仕事をしながらだれかを恨んでしまったりしています。外見では頑固、真面目、お人好し、几帳面な人に見えますが、多くの場合、卑屈、嫉妬、劣等感、人を憎んで信用しないという内向性を秘めた人がなりやすいようです。

自分自身をしっかりと見つめ直しましょう。

②セイクラルチャクラ

☆知らせているメッセージ

セックスにたいする不安や恐れ　環境のストレス　人間関係における倫理　子供のころの環境にたいするトラウマ

☆あらわれる症状

慢性腰痛　過敏性大腸炎　クローン病　婦人科系の疾患　生理痛　生理不順　泌尿器系の疾患　下肢の疾患　前立腺の問題　前立腺がん　子宮がん　卵巣がん

☆思考のヒント

自分の育った環境や現在の環境を受け入れ、そこに意味をもたせる。たとえば、「あの環境のおかげで今がある」「あの出来事があったからこそ、今がある」と定義する。

環境から自分を守りたいという自己保存の思い

セイクラルチャクラは樹木の幹の部分を指します。

この幹の成長しだいで、その人の未来が決まってしまう、といっていいでしょう。より多くの経験を糧として、太く丈夫な幹に育てれば、次々と枝や葉が育ち、のちに多くの実をつけて収穫できます。

人は自分のパーソナリティを決定する時期に、人間関係の多くを学びます。その時期に、不安、苦しみ、恐怖などの体験を重ねると、人間社会を生き抜くためのルールを自分で狭く決めてしまいます。

こうなると、自分の思考が自己保存に傾き、自己中心的な愛のない思考に傾きやすくなります。このような、まちがった「とらわれの思考」をもったまま成長していくと、そのとらわれに翻弄され、人生に不安、苦しみ、恐怖を抱いて生活することになりかねません。

水は器によっていくらでも形を変えられます。氷にするとき、丸い器に入れたら丸く、四角い器に入れたら四角になります。セイクラルチャクラも同じです。心の形成時期のさまざまな経験に応じて、器＝思考の形、エネルギーを決定していきます。

たとえば、親から離れて自立するとき。今まで安心、安全、平和に暮らせた場所から飛び出して、まったく新しい世界へ踏み出すときの一歩は、不安や恐れで心が張り裂けそうになるかもしれません。

とはいえ、人は一人では生きていけません。まったくちがうパーソナリティをもった人と寄り添い、生きていかなければならないのです。地球で生活するためには避けて通れない試練です。

新しい環境ではじめて会う人達とともに学んでいくのは、幹を太くするための貴重な経験であり、魂の成長には不可欠です。そこで学びきれなかったことは、新たな場所と人間関係のもと、ふたたび学びの機会として与えられます。

原因不明の発熱、吐き気、下痢を訴えてくる幼稚園児や小学生がいます。その多くは家庭環境、幼稚園、小学校での友人関係、学校での生活環境が大きくかかわっています。

とくに、幼稚園入学となると、生まれてはじめての試練です。ずっと親といっしょに暮らし、何不自由なく安全に育てられた今までの環境から離れなければなりません。すんなりとその環境に馴染む子もいますが、なかなか馴染めず、泣いて親や先生を困らせる子もいます。

ほかの子供達とははじめて会うわけですし、これからどんなことが起きるのだろうかという不安で、その心は大きく揺れ動きますから、無理もありません。

とらわれの枠をはずして、魂を輝かせよう

子供にかぎらず、環境に馴染むことに恐怖を感じている大人はたくさんいます。家庭環境において、両親との軋轢から生じる諸問題がチャクラの不調和をつくり、大人になっても過去の経験にとらわれ、慢性的な下痢や腰痛になっている人も多く見受けられます。

ひと口に環境といっても、幼少のころの家庭環境、幼稚園、小学校などの環境から、現在の家庭環境、職場環境、居住地域までが含まれます。そのなかでの人間関係の問題が、セイクラルチャクラのエネルギーを低下させる大きな要因です。

女性であれば、職場の人間関係から不調和が生まれ、ホルモンの異常が起き、生理不順などの婦人科の問題、泌尿器系の問題、慢性的な頭痛が起きる傾向がありま す。また、骨盤に位置するチャクラだけに、骨盤に収まる臓器の機能的な問題が発生します。

環境にたいする不安、恐怖の根本には、なにがあるのでしょうか。

たとえば、人と話すのが苦手な人は、「相手に自分がどう思われるのだろうか」という恐怖、「相手は受け入れてくれるだろうか」という不安をもっています。人の輪のなかになかなか入れない人は、「相手にどんなふうに思われるのだろうか」という自信のなさや恐怖、不安をもっています。

また、人の態度や意見が気になってしまう人は、「自分が発言したことで相手はどう思うのだろう。馬鹿にされないだろうか」という不安をもっています。

小さいときはいつも親が守ってくれました。

しかし、一度、親元から離れたら、だれも守ってくれません。自分で自分を守るしかないのです。きびしく思える環境に馴染むなら、自分を守るという考えよりも、「相手になにを与えられるのか」という思考に切りかえましょう。

自分ばかりが苦しんでいるのではなく、だれもが弱くて不安なのです。それに気づけたら、相手を思いやるという「愛」のこころが芽生えてきます。

セイクラルチャクラの問題を解決するには、幼少期のまちがった思考や行いによる自分自身のとらわれの枠をはずす必要があります。他人を恐れず、受け入れる。過去を反省する。人と比べるのではなく、自分を認め、自他ともに愛せるように、自分自身の意識を高めてください。

樹木の幹が愛で満たされるようになれば、大地から吸い上げたエネルギーや水分が、縦横無尽に幹のなかを流れはじめるようになるでしょう。輝く人生の目的のために、その無限のエネルギーは使われ、あなたの魂はいきいきと輝くはずです。幼稚園に話をもどせば、幼稚園の入学はだれでも経験する、ひとつの通過儀礼です。

そこには、生きていくために必要な要素がふんだんに溢れています。入学後の経験においても、なにもかもがはじめてであり、それに勇気と意志の力をもってのぞめる子は、そのあとの人生をどんなことがあってもやりとげるでしょう。それは、幼少時に相手を思いやる「愛」が育っているからだと思います。

③ソーラチャクラ

☆知らせているメッセージ

恐れや不安から生まれる想念　批判への反応　怒り　自尊心

☆あらわれる症状

腰から背中の痛み　消化器系疾患　胃炎　胃潰瘍　十二指腸潰瘍　大腸の疾患
腎臓の疾患　副腎系の疾患　膵臓　逆流性食道炎　糖尿病の疾患　肝臓の疾患

☆思考のヒント

無意識に多くを考えすぎている可能性あり。今、考えなくてよいことは切り捨てる。自分勝手な思考になるケースが多いので、自分の思いが自己保存にかたよっていないか、考えてみる。自分の思いのなかに、相手を思いやる気持ちがあるのかを確認する。

ストレスを抱えている人は、かならず不調和になっている

ソーラチャクラは「意思」が生まれるところです。自分がなにをどう思うかに影響して、バイブレーションはつねに変化します。

樹木でたとえるなら、幹から出てくる新しい芽、と表現すべきでしょうか。まだ見ぬ新しい世界にはじめて生まれるときの怖さ、怯えも含みます。

人は人間関係におけるさまざまな出来事において、いろいろ思いを巡らせた結果、相手への不信感や批判を生んでしまったり、相手のいいなりになったり、反対に我を通したりします。自分と他人との「思いのギャップ」に翻弄され、不安、怒り、苦しみが生まれて、不調和の原因となります。

ソーラチャクラはストレスを抱えている人ならかならず不調和になる、と言っても言いすぎではありません。

腹が黒い。腹を立てる。腹の虫がおさまらない。はらわたが煮えくりかえる。腹

にすえかねる。腑に落ちない。このように、お腹とストレスを関連づける慣用句の多さが、ソーラチャクラとの関連を示唆しています。

ソーラチャクラは胃の上に位置しますから、とくに消化器系にその不調和が反映されます。胃や小腸、肝臓、胆嚢、腎臓、膵臓、副腎、脾臓と、多くの内臓に不調和があらわれますが、これらに問題が出る前に、不定愁訴のような症状が出る場合があります。「なんとなく、だるい」「病院へ行っても、とくに悪いところはないといわれた」などが特徴です。

それはちょうど、ソーラチャクラのある胃のあたりの横隔膜に問題が出たときにあらわれます。横隔膜は胸腔と腹腔を分けているドームのようなもので、血管や神経、リンパが貫き、内臓もぶら下がっています。横隔膜の異常な収縮が、さまざまな病気の症状の原因となることが多いようです。

一例をあげれば、逆流性食道炎のクライアントがいましたが、横隔膜の問題をチャクラから調整したところ、症状もなくなり、薬もやめられました。

相手の思いを受け入れる心を養う

多くのストレスは、人がかかわる結果、発生するといわれます。かかわった人がその現象を目の当たりにして、なにを思い、なにを感じたのかによって、かたよった思考の種が心に植えつけられます。

カウンセリングでは、そのときにどんな思いで相手とかかわったのか、に焦点をあてて話を進めていきます。今ある不安や怒り、苦しみの答えを、かかわった相手のなかに探すのではなく、クライアント自身の内側に見つけるように、視点を変えてもらうのです。

しかし、ほとんどのクライアントは、不安や怒り、苦しみの原因が自分の外側にあると思っています。

まず、なににたいして不安や怒り、苦しみを抱いているのか、はっきりさせましょう。「中道」の思考なのか。自分寄りになっていないか。自分勝手ではなかったか。

考えてみてください。客観的に自分を見つめましょう。

「自分の思いを伝えたい」「自分を認めてもらいたい」という目的がありませんでしたか。そんな自分のとらわれが、相手の思いを受け入れられないという閉ざされた心をつくってきたのです。

自分が相手の思いを受け入れられないのに、自分の思いをだれが受け入れてくれるでしょうか。相手を受け入れることが「愛」であり、それができてこそ、自分の意思が表現されるのです。

ソーラチャクラを整えるには、自分の意思や人の思いを大切にする、愛に満ちた心を養い、実践していく必要があるでしょう。

④ハートチャクラ

☆知らせているメッセージ

慈しみの心　自己愛・他者愛の欠如　愛にたいする拒絶　悲しみ　自己嫌悪　罪

悪感　良心の呵責《かしゃく》　うしろめたさ

☆あらわれる症状

背中の疾患　手の疾患　猫背　胸の痛み　肋骨の痛み　肩の疾患　心臓疾患　喘息　肺や気管支の疾患　肺がん　アレルギー　乳房の疾患　乳がん　側弯症

☆思考のヒント

自分を好きになることを実践する。毎日、鏡を見る。楽しい、好きだと思えることをする。自分の内から湧き出る思考を尊重する。本来の自分を恐れずに表現する。他人の評価を恐れず、自分を信じる。自分のいちばんの理解者は自分、と認識する。

猫背とハートチャクラの関係

ハートチャクラよりも下位のチャクラは、人間関係のかかわりのなかから多くを学んで、ハートチャクラを育てていきます。

また、上位のチャクラは、精神性から多くを学んでハートチャクラを育てます。

そして、ハートチャクラは上位と下位のチャクラを統合させる役割があります。チャクラの統合は「愛」のエネルギーによってなされます。

愛は広く定義されるので、許し、慈しみ、信頼を含むいっぽうで、愛するからこその憎しみ、寂しさ、悲しみも含んでいます。

慈しむ心の定義には他者愛、無償の愛と同時に、自己愛が含まれますが、ハートチャクラが不調和になるのは、ほとんどがこの自己愛の欠如です。

このようなタイプの人は自分がきらいで、信頼できていません。自分が信頼できないとなると、自分を表現するのにも自信を失いますから、連動してスロートチャクラが不調和になります。自己評価が低く、行き詰まりになると、眉間のブラウチャクラにも影響します。

ところで、男性でも女性でも、猫背の人は目につきやすく、気になるものです。他人に指摘されて、本人も姿勢を意識したりするのですが、直るのはそのときだけで、しばらくするとまた猫背になっています。

エネルギー的に猫背を分析すると、これは胸の部分＝ハートチャクラのエネルギー量が低下してエネルギーの柱が弱くなった状態です。

ハートチャクラは、ソーラチャクラ（お腹）とスロートチャクラ（喉）のあいだにありますから、ここが弱まると、上下から折りたたまれる感じで曲がってしまいます。それと同時に、肋骨の歪みや肩関節の歪みという物理的な症状も起こります。

ハートチャクラは「愛」に深くかかわっています。猫背の人の多くは、先に述べたように自分に自信がなかったり、自分を好きになれなかったりするだけでなく、過去に辛く悲しいことがあった、愛情を受けて育っていなかった、というような「愛」に執着のあるケースも多くあります。

ちなみに、当院に来られるクライアントのなかでいちばん多いのは、この自己愛の欠如したハートチャクラの不調和です。自己愛や他者愛がない。自分の思うように生きていない。自分を信頼できない。自分の環境を恨んで文句を言う。これらすべてが、自己愛の欠如した思考です。

ハートチャクラをよい状態にするためには、まず自分を信頼してください。

自分の置かれている環境、状況を認め、自分の思いに自信をもってください。相手がどうのこうの、と語る前に、自分の思うままに生きてみましょう。ナルシストではないかと心配になるくらい、自分を好きになるのがおすすめです。なぜならそれは、他者を認め、受け入れ、愛することのはじまりだからです。

それから、なぜ自分が自分を信頼できなくなってしまったのか、そのような思考になった原因を考えてみましょう。

幼いころの家庭環境。両親の問題。辛い別れをした経験。自分を愛せない理由が、かならずあなたの心のなかにあるはずです。

そして、その理由がわかったら、どうしてそんな思考をしてしまったのかを考えてみてください。そこには、ひとりよがりな我欲の思考が存在しているはずです。

その思考がまちがっていたと自分で気がつけば、自然とハートにはエネルギーが流れ出し、猫背の人も背筋が自然と伸びてくるのです。

⑤スロートチャクラ

☆知らせているメッセージ

自己表現　我慢　はにかみ　内気　決断力　コミュニケーションの問題　批判

☆あらわれる症状

首や肩の疾患　甲状腺の疾患　バセドウ病　咽頭炎　慢性的な喉の疾患　顎関節症　歯の問題　聴覚障害　副鼻腔の疾患

☆思考のヒント

自己表現は個性だと思うべき。自分がやりたいと思ったら素直にやってみる。思ったら、勇気を出して相手に伝える（言葉は武器にもなるので、やさしく変換して伝えるのを忘れずに）。

我慢強い人ほど不調和が起きやすい

パソコンの画面をよく見たり、細かい作業をしたりする人には、当然、首や肩のコリ、痛みがあります。

肉体の酷使による筋肉の負担は、コリや痛みを生みだしますが、それ以外にも痛みを出す原因があります。

それは「我慢」です。思っていることができていない、言えていない。やりたいことをやれていない。そんな人は自らの表現を顕在意識で抑えつけてしまい、自分らしさを失っています。

ほとんどの人は小さいころから「人に合わせなさい」「こうしなければダメだよ」という教育をされて育ちます。そのせいで、大人になっても自分を表現するときに、とまどったり、躊躇したりするのです。

その結果、自分の意見を表現できず、苦しんでいます。スロートチャクラの不調和は、このようなときに多く起きています。

顎関節症にもスロートチャクラがかかわっています（ほかのチャクラとも関連あり）。顎関節は頭蓋にぶら下がる構造ですから、頭蓋の歪みが生じると、それによって顎関節にも影響します。

顎関節症や噛み合わせの歪みには注意が必要です。

クライアントが自分自身を抑えつける思考に気づけば、自然と頭蓋の歪みは矯正され、顎の歪みも治っていきます。チャクラやエネルギー体も自然と調和されて、よい状態になっていきます。

しかし、手術で無理やり顎だけを削るとか、矯正などをしてしまうと、その代償としての歪みは今まで以上に肉体にあらわれて、さらなる苦しみをもたらす可能性があります。

一度削ってしまったら、もうとりかえしがつきません。歪みが歪みをつくりだし、終わりのない治療は一生続きます。安易な治療はクライアントを苦しめるばかりか、魂の成長の機会を奪いかねません。

専門的になりますが、顎には噛んだときの衝撃を吸収するために、頭蓋骨と顎の関節のあいだに椎間円板《ついかんえんばん》があります。その椎間円板の歪みにも注意が必要です。椎間円板は顎に付着する外側翼突筋《がいそくよくとつきん》の過緊張による影響を受けると、かんたんに歪みます。その過緊張の原因は強い不安、怒りなどのストレスです。

椎間円板の歪みは、おもに外側にあらわれますが、これは容易に矯正できます。ただし、腰部の椎間板同様、椎間板の歪みがあらわれること自体、そうあることではないので、このような人は長時間、かなりのストレスが及んでいたはずです。

ですから、歪みと並行してうつや自律神経失調症に近い症状が出ていたり、チャクラやエネルギー体に影響が残っていたりするのです。もしかしたら、過去のエネルギー体やチャクラに記憶として残っているのかもしれません。

また、スロートチャクラは聴覚にも多くの影響を与えています。難聴、耳鳴り、めまいなどが主な症状として挙げられます。

我慢しないで、自分の思いを正しく伝えよう

スロートチャクラは表現力を意味します。

言いたいことが言えず、表現できず、チャクラが小さくなって閉まってしまい、エネルギーの行き来ができなくなっています。

私はスロートチャクラの不調和を訴えてくるクライアントに、「もっと自由にやってみたらどうですか」「好きにやってみたらどうですか」「思ったことは伝えましょう」とお伝えしています。

すると、「やっていいんですか？」「そんな発想はなかった」と言われます。

潜在意識は「もっと魂の声を聞いて、自分を表現してよ！」と訴えているのに、小さいころから刷り込まれた価値観で暮らしていると、本人に潜在意識への罪悪感もなく、なかなか気づけません。

我慢はいいことなのでしょうか。「自分はこう思う、こうしたい」という思いが

表現できないとき、その思いはどこへ行ってしまうのでしょう。おそらく、その人の身体のどこかに、いまも真っ黒い煙のように渦を巻いてただよっているはずです。その暗い思いが出口を探して、コリや痛みとしてあらわれているのです。

たしかに、自分の思いをそのまま伝えると反感を買ったり、相手を傷つけたりするかもしれません。そこで、表現したい思いを相手が傷つかないように、やさしい言葉に正しく変換して伝えましょう。

相手の立場を考え、我慢しないで自分の思いを正しく伝える。自分という人間はこうなんだ！　と胸を張って生きていけたら、どんなにスカッとして気持ちがいいでしょう。

ほんとうに自分のやりたいことをやっている人は、人を批判しません。自分を認めているから、相手の表現も認められるのです。

自分を表現することは、自分にたいする「愛」そのものです。なにが正しく、なにがまちがっているかなんて、たいした問題ではありません。人とくらべること自体が愚かです。

「自分はこうなんです！　これが私の個性です！」
と正々堂々、本気で言えるようになれば、肩コリも首のコリもなくなります。もっと自由に、もっと楽しく、自分を愛してください。言葉は自分という媒体から出ます。負の言葉を使うとき、その媒体の波動は当然乱れていると自覚しましょう。

余談ですが、スロートチャクラに問題のある人の多くは、霊的なところとつながりがあり、霊感が発達していたり、負のエネルギーの影響を受けやすい体質をもっています。霊的なエネルギーを感知してしまうのは、バイブレーションの低い媒体だから、とも言えるのです。

⑥ブラウチャクラのメッセージ

☆知らせているメッセージ

真実を受け入れない、見ようとしない　考えすぎ　頑固　行き詰まり　解放され

たい　直感を信じられない

☆**あらわれる症状**

神経系の障害　視覚・聴覚障害　脳の疾患　頭痛　神経障害　目の疾患　脳の疾患

☆**思考のヒント**

考えるのをやめて、直感を信じる。行き詰まっていて、解放されたいと感じていたら、相手の意見に耳を傾けてみる。頑固な自分を脇に置いて、相手を受け入れる。

おまかせで生きたい直感力のチャクラ

行き詰まりを感じる。解放されたいと強く思う。あることに頑固になって相手を受け入れられない。そんな状態のとき、ブラウチャクラの不調和が起きます。

眉間にあるこのチャクラは「第三の目」と言われ、「直感力」とかかわっていて、直感的な生きかたを求めています。

直感的に生きるとは、あれこれ考えずにおまかせで生きるということです。自由を奪われ、束縛され、理想の自分とかけ離れた生きかたは、それとまったく反対の思考です。

また、行き詰まりを感じたり、解放されたいと強く思ったりするのは、現実から逃避したいという願望のあらわれです。心のどこかに「自分の責任」から逃れたいという思考があります。

しかし、自分の人生は自分で責任をとる以外、ありません。そこから逃れるのは魂の成長を逃すことを意味します。自分の課題からは目を背けられないのです。

だれでも、自分がかわいい、傷つきたくないという思いはあります。

とはいえ、これもまた自己保存の思考であり、思考の軸に歪みをつくりだし、ブラウチャクラを不調和にしていきます。その結果、自律神経の乱れを引き起こし、ホルモンのバランスが狂いだし、多くの神経障害やホルモンの異常を引き起こします。

自分自身を見失い、コントロールを失った状態では、ブラウチャクラの直感力は消え失せます。考えすぎてまちがった思考をしたり、まちがった選択をするケースもあります。その選択もすべては自己責任ですから、カルマから逃れることはできないのです。

ブラウチャクラを正常に保つためには、顕在意識での思いを極力減らす努力をしましょう。どうでもよいことは考えないようにして、今、できることだけを一生懸命やるのです。そして、ただ、おまかせで生きてみましょう。

おまかせの生きかたは、実はいちばん楽な生きかたなのですが、つい物事を考えてしまいがちな人にとっては、逆に不安な生きかたに感じてしまうかもしれません。しかし、それでも「今、自分にできるのはこれしかない」と考えて、今を生きてください。

すると、その人本来の姿があらわれ、真の個性が発揮され、「生かされる生きかた」があらわれてきます。ブラウチャクラの直感を信じて自分の道を歩むことは、自分を信じ、愛することにつながります。

自分に起きるすべてを受け入れ、おまかせできる人生は、魂の求める「愛」の存在になるための試練です。

⑦クラウンチャクラ

☆知らせているメッセージ

すべてを受け入れる　自己信頼　他者信頼　信じる力

☆あらわれる症状

光や音などの過敏症　慢性疲労　精神疾患　脳の疾患　片頭痛　パーキンソン病　脳腫瘍　脳卒中（これらの症状は、チャクラ単体で起きるものではなく、ほかのチャクラとの関連や心のバランスなど、多くの要因がからみ合ってあらわれる）

☆思考のヒント

自分自身を信じる。だまされてもいいと思って、相手を信じてみる。

自分の人生から逃げずに、強いパワーを引き寄せる

クラウンチャクラは、ほかのすべてのチャクラに必要なエネルギーをコントロールする存在です。

ですから、各チャクラの不調和がここに影響します。メラトニンを分泌して、眠りのリズムをつくる松果体とも深い関係があります。

多くのクライアントは、当院で治療を受けて、ふたたび新しい人生を歩き出していくのですが、またある期間をおいて再度訪れます。そのとき、一か所だけぶれているチャクラがクラウンチャクラです。

このチャクラは自分を信じるというパワーにかかわっています。

自分を信じることの難しさはだれでも経験があるでしょう。人生の選択に出くわしたときは、多くの不安が押し寄せ、なかなか判断がつきにくいものです。

このとき、心が揺れ動くように、自分を信じる気持ちも揺れ動いています。これ

でいいのだろうか。自分の考えや選択はまちがっていないだろうか。

そう考えているうちに、信念がぶれてしまいます。その結果、人は楽なほうへ、楽なほうへと流されがちになります。その「楽」とはほんとうの意味の「楽」ではなく、ただ自分の人生から逃げているだけなのだと私は思います。それはいずれカルマとなり、ふたたび目の前にかならずあらわれるのです。

クラウンチャクラは普遍意識とつながる場所ですから、ここの不調和は宇宙のエネルギーをも歪ませてしまう結果になります。

そうなると、本来、愛そのものである人間がもつ、「無償の愛」のエネルギーにも影響します。このエネルギーは人間の自然治癒力に大きな関係があるので、とくに注意が必要です。

自分を信頼する、自分を信じるというのは、「愛」そのものを生きることです。

そんな生きかたのできる人には、無尽蔵の宇宙のエネルギーがじゅうぶんに与えられます。だから、生かされるのです。

そもそも、人はだれでも生かされる道をもって生まれています。その道からはずれているとしたら、それは自分自身の思考や行動の歪みからきています。その歪みがエネルギーを遮断し、自らを生きづらい人生に導いているわけです。

信念をもつと、今以上の強いパワーを引き寄せます。すべてを受け入れる寛大さが身につき、自分のために生きることが容易になります。

まずは、今、するべきことをやってください。淡々と今に生きてください。クラウンチャクラのエネルギーは、絶望から平和へと導いてくれる源なのです。

第三章　よくある症状とそのアファメーション

本章では、よくある症状と、その症状にたいするアファメーションを解説します。アファメーションとは、自分の潜在意識に言葉で働きかけ、成功を引き寄せる方法です。本書では、症状を改善するための治療法になります。

治療家やカウンセラーを目指す人は、施術のヒントとしてだけでなく、自分自身のケアにも使ってみてください。

背中の痛み（肩甲骨周辺）

背中の痛み、とくに肩甲骨の周辺に痛みや違和感のある場合、おもにハートチャクラに不調和が起きているケースが多いようです。

ハートチャクラの不調和は、自己愛、他者愛の欠如によって起きるケースが多くあります。「どうしても自分を好きになれない」という傾向の強い人が、無意識に自分を責める行為をしています。

このタイプの人は、つねに相手の反応が気になりますから、何かが起きると、自分を責めて問題を解決しようとします。

その結果、自分を認められずに劣等感を強く感じたり、自己卑下したりします。こうして、自分に自信をなくすと、自分の顔を鏡で見るという行為すら避けるようになります。

ハートチャクラは、そんな意識のなかでバイブレーションを弱めていきます。ハートチャクラの位置は、ちょうど心臓のあたりです。その後ろ側である背中に、張りや痛みとなって現れてきます。

☆改善方法

いちばんの改善方法は、自分自身を愛することです。「それができないから困っているのに」と言われそうですが、頭で考えているだけではなにも変わりません。まずは行動に移しましょう。

毎日、鏡を見るのを習慣にしてください。いままで自分を愛せなかった人にとっては、鏡を見るのもいやかもしれませんが、やってみましょう。

そして、自分が輝く投資をしましょう。

ネイルサロン、エステ、美容室。どんなことでもいいですから、自分磨きをすすんでやってください。すると、外側の見える部分に変化が起きてきます。

変化を起こしたら、次は内面を見ていきます。

ハートチャクラのバイブレーションが落ちている人のチャクラには、「愛」が満たされていません。そのような人の思考の多くには、「愛はもらうもの、与えられるもの」という固定概念が住みついています。

その思い込みをはずすためにも、あえて「愛を与えること」に意識を向けましょう。人と接しているとき、微笑みを忘れないようにしましょう。困っている人がいたら、声をかけてあげましょう。

そうやって、他人にたいして「慈悲の愛」を与えてみるのです。人の喜ぶ姿を見て、自分がうれしく感じられれば、あなたのチャクラが活発に動き出した証拠です。

幼いころ、両親の愛に不足を感じていた人には、ハートチャクラの弱っている状態が多く見られます。とくに、末っ子で両親が共働き、という環境で育った人が多く、「忙しい両親は末っ子である自分には興味がなく、愛されていないのだ」と感じられたのです。

しかし、ほんとうにそうでしょうか。

直接、両親に聞きましたか。両親がそう言いましたか。「子供のころ、私は満たされなかった。愛されなかった」というのは、自分の思い込みとは考えられませんか。

今では時も過ぎ、大人になって、あのときの両親の心の内はよくわかるはずです。仕事に追われ、どうしても手のかかる子に意識が向いてしまい、あなたに目を向けてあげられなかったのではありませんか。もし、そうだとしたら、それは思いちがいだったといえるのではありませんか。

さみしい子供のころの自分を思い出し、今、大人になった思考でそのときの事情を理解し、自分自身の思考の誤りを正しましょう。

あなたは愛された存在ですから。

☆かんたんなアファメーション

「がんばってるね」「これが私」「愛してます」「やれる、大丈夫!」

肩コリ

肩コリは、喉のチャクラであるスロートチャクラの不調和でよく起きます。日常生活のコミュニケーションに問題があるときや、本来の自分自身を表現できていないときなどに不調和が起きます。とくに「我慢」が続くことが多いと、このチャクラのバイブレーションはずいぶん落ちてしまいます。

相手の意見を優先し、自分の意見を言えない。話したいけれど、話せない。もともとコミュニケーションが苦手。自分では正しいと思っても、争うのがいやだから我慢してしまう。ほんとうはやりたくない仕事を無理して続けている。我慢といっても、このようにいろいろなパターンがあります。

たとえば、「ほんとうは言いたいけれど、面倒だから自分が我慢すればいいか……」という思考が日常的に無意識にあると、喉のスロートチャクラは不調和になっていきます。なぜなら、頭＝顕在意識では「我慢が楽」だと思っていても、潜在意識では言いたいことは言ったほうが楽だと思っていますから、「我慢が苦」だと感じているのです。

ほんとうのあなたは「もっと表現したい」と望んでいます。

チャクラの不調和は、そんな頭と心のギャップを肩コリというわかりやすい形であなたに知らせています。「もっと自分らしく！」「話したいこと、やりたいことがあるのなら、もっと自分を表現して！」と訴えているのです。

無意識に働く思考は、やがてチャクラや骨格を歪ませ、内臓の機能も低下させてしまいます。

☆改善方法

自分の表現を自分で止めていると感じたら、思い切って表現してみましょう。気づきが大切です。あなたのなかに、表現することを恐れている自分がいます。いったいなにを恐れているのでしょうか。

他人の目？　他人の思い？　他人の評価？

だれかにきらわれたくない気持ちはよくわかりますが、チャクラの不調和は自分に嘘をついている証拠です。いますぐ、自分に正直に生きる道を求めてください。だれのための人生なのでしょう。あなたというキャラクターを表現することに、だれかの許可が必要なわけではありません。

もし、「これを言ったらきらわれる」と感じるのであれば、せめて相手を傷つけない言葉に変換して伝える努力をしてみてください。

もし、今、やりたいことができていないのなら、頭で考えるのはやめて、一歩でも二歩でも前に進む行動をしてください。

なにもしないという意志のない状況は、不調和をさらに問題の大きいものに変えてしまいます。考えてばかりではなにも解決しません。行動しましょう。

☆かんたんなアファメーション

「自分をもっと表現してもいいんだよ」「もっと自由でいいんだよ」

婦人科疾患

女性の乳房、生殖器にかかわる病気は、まとめて婦人科疾患と呼ばれます。

セイクラルチャクラは、婦人科疾患のなかでも生殖器の症状に関連があります。

おもに、膣のかゆみ、分泌物の異常、異常出血、骨盤部の痛みなどです。多くの場合、症状の重さが年齢によって異なるのは、加齢に伴うホルモンの変化が症状にも関係するためです。

生理痛や月経不順、生殖器の問題で悩んでいる女性は数多くいます。自律神経やホルモンのバランスは、自らのまちがった思い込みや不調和な思考で、かんたんに乱れてしまいます。ムダなことを多く考えすぎて、思考がパンクしている状態です。

先に述べましたが、テレビを見ているとき、ふと我に返ると途中の映像が抜けているのに気づいた、というほど、人は無意識にいろいろ考えています。

なにも考えていないように見えて、ほんとうは24時間、ずっと頭の片隅で考えているのなら、神経も脳も疲れてしまいます。さらに、ホルモンと直接かかわっているチャクラにも影響があらわれます。

セイクラルチャクラの不調和を起こす原因となる思考は、環境にたいする不安、人間関係の不安や恐れです。このチャクラは幼少時代に形成されますが、親から離れての生活がはじまる幼稚園、小学校のころのトラウマが影響する場合もあります。

心のどこかに、親から離れてひとりになる不安、他人にたいしての恐れがまだ存在しているのかもしれません。

ひとりで旅立つときが来ているのに、その勇気がない。なかなか新しい環境に馴染めない。そんなとき、心の奥では安らかな環境を追い求めています。そのふたつの思いのギャップが、あなたを苦しめているのです。

☆改善方法

人にたいする怒り、不安、恐れがあるなら、相手にたいする思い込みをなくす必要があります。

相手への怒り、不安、恐れは、なぜあなたのなかに存在しているのでしょう。なぜ、そう思うのでしょう。

相手や環境がなかなか変えられないのなら、自分を変えるしかありません。なぜ、あなたはそれをしようとしないのでしょうか。

それは、相手や環境が悪いもの、という思いこみが存在しているからです。相手がたとえなにかを言ってきたとしても、なんとも感じない人、なんとも思わない人もいます。そういう人達とあなたのどこがちがうのでしょうか。

つまり、「自分」に執着するか、しないか、です。

すべての不安や恐れは、自分の内側から湧き上がってくるもので、その環境にいるとき、またはその人と接するときにあらわれてきます。そのとき、あなたはなにを思い、なにを感じるのでしょうか。

冷静に自分を見つめてください。すると、自分の真実が見えてきます。もしかしたら、その真実は環境や人にたいする自分の偏見だったり、自分を守りたい思いだったりするのかもしれません。

☆かんたんなアファメーション

「与えられた環境は自分のために存在しています」

足の痛み

足の痛みには膝や股関節の痛み、捻挫、骨折までさまざまなものがあります。

多くの場合、ルートチャクラ、セイクラルチャクラといった下部のチャクラの不調和が原因です。

本書ではこれまで、病気にはすべて心のありかたが影響していると説明してきましたが、それでもまだ「外傷は心が影響していないのでは？」と思うかたもいらっしゃるかもしれません。

しかし、怪我は結果であり、そこへ行きつくまでの思考パターンが大きく影響しています。また、骨折や捻挫のあとの治りがよくない、いつまでも足をかばうようにして歩かなければいけないようなケースにおいては、ほとんどが過去の出来事でのとらわれがチャクラに影響しています。

☆改善方法

足に問題があると、文字通り、地面に足がつきません。

不安や恐れを感じながら生活しています。意志の力が失せ、勇気が湧かず、一歩を踏み出せないという状態です。

多くの人は、まだ見ぬ未来にたいして不安をもっています。ところが、これはまだ起きていない先の出来事にたいして不安を抱いているだけであって、言い換えると「今に生きていない」わけです。

先のことはだれにもわかりません。それなのに、勝手に想像して思考のなかで不安や恐れをつくっています。ただ怯えているだけでは、それらはなくなりません。心は自分の力で前に進むのを望んでいます。

「もしかしたら、明日、交通事故にあって死ぬかもしれない」

これはだれにでも言えます。そんな先の見えない未来を考えるのであれば、「今」に意識を向けて、集中して生きるべきだと身体は訴えています。

過去の足の傷がなかなか治らないときは、怪我をしたときの自分を思い出してみてください。そのとき、今の自分、または、将来の自分にたいして不安や恐れが存在していませんでしたか。

あのときの自分にかえって、思考の誤りを訂正し、これから生きるための決意をしてください。

☆かんたんなアファメーション

「今に集中して毎日を過ごします」「自分の道を歩きます」

クローン病

クローン病は小腸、大腸を中心とする消化管に炎症を起こし、びらんや潰瘍を生じさせる慢性の疾患です。腹痛、下痢、下血、体重減少、発熱などの症状があります。

クローン病も、先ほどの婦人科疾患と同じチャクラであるセイクラルチャクラがかかわっていますが、厳密にはほかのチャクラも大きくかかわっています。

☆改善方法

クローン病の多くは、家庭環境にたいする固定観念が影響しています。

幼少期の両親にたいする怒りや恐れが、成人になってもまだ心の奥に根を張っているケースがとくに多いようです。

まず、両親にたいしてどんな思いがあるのか、自分で確認してみてください。

幼少のころ、自分と両親のあいだでなにがあったのか。

そのとき、両親にたいしてなにを思ったのか。その思いはほんとうに正しい思いだったのか。両親はほんとうにそう思っていたのか。自分がそう思うことで、救われるのはいったいだれなのか。

何度も言いますが、病気や身体にあらわれている症状は、自分の思考がバランスを崩した結果です。すべてはあなたがなにを思い、なにを行ってきたか、です。いつまでもだれかのせいにする生きかたを変えなければ、症状は変わりません。

家庭環境や家族にたいして偏見はありませんか。家族にたいして怒りはありませんか。今、あなたがここにいるのは、あなたを守って育ててくれた家族があったからではないですか。

自分勝手な思い込みは、すべて自分を守りたい、正当化したいという自己保存の思考です。少しだけ相手を思いやる気持ちをもって接してみてください。自分に気づくときがきました。すべての答えは自分の心のなかにあります。

☆かんたんなアファメーション

「すべての環境、すべての出来事に感謝します」

顎関節症

物を噛んだり、口を開閉したりする際、顎を動かす筋肉に痛みや違和感がある、顎関節に痛みや雑音を伴う、といった症状があらわれるのを顎関節症と呼びます。

顎関節症の約8割はストレスからくる、と言われています。

顎関節症はおもにスロートチャクラが（ハートチャクラも）影響しています。肩コリのところでも説明したように、このチャクラはその人の表現やコミュニケーションのありかたが多くかかわってくるところです。

はじめはおそらく、軽い肩コリくらいの症状でしょうが、しだいに重い症状に変わっていきます。また、たいへんなストレスにさらされているときに、症状が多くあらわれます。

☆改善方法

最初は自分を抑える行動にたいして、とくに違和感もないでしょう。ところが、そんな場面が頻繁に訪れると、自分の思いを正しく伝えられない苦しさに見舞われます。そのような状況は自分の輝きを失わせます。さらに、自分らしさを表現できない虚しさを生んで、自分を愛せなくなっていきます。

言えない、言わないといった行動が習慣になると、自分でもなぜ苦しいのかさえわからない状態になっていきます。

ですから、以下の点をよく考える必要があります。なにがストレスなのか。どうしてストレスと感じるのか。自分らしく生きているのか。なにか我慢していないか。そのストレスで、自分をきらいになっていないか。自分を表現できないという自己犠牲や自責の念が、かならず心の奥底に存在しています。

素直になって、もっと自分を認めませんか。

自分の思いを大切にしましょう。自分の思いを他人と比較する必要はありません。考えや意見は他人とちがっていてもいいのです。ありのままの自分を愛し、それを今、ここで表現すればいいではありませんか。

ありのままの自分を好きになって、自分をもっと評価してください。

☆かんたんなアファメーション

「ありのままの自分を認め、愛します」「表現の自由を認めます」

逆流性食道炎

逆流性食道炎とは、なんらかの原因で胃酸が食道へ逆流し、その酸が原因で食道粘膜に炎症を起こしてしまう病気です。

横隔膜が収縮することで、胃の上部が上に引っ張られて起きると言われています。横隔膜の収縮は自律神経の乱れが引き起こしますから、多くのストレスが要因にあると考えられます。

このような消化器系の症状は、おもに胃のあたりにあるソーラチャクラが影響していますが。また、ほかのチャクラも実際には複雑にからみ合い、ひとつの症状を出しています。ソーラチャクラから上のチャクラは、消化器系の症状に強く影響しています。

原因の多くは人間関係のストレスです。

もしかしたら、逆流性食道炎の人はつねにイライラしているのかもしれません。なぜなら、ソーラチャクラは怒りを放出するからです。

☆改善方法

このチャクラは意思の生まれるチャクラと言われています。

常日頃、あなたはなにを考え、どんな思いが自分のなかに渦巻いていますか。いつも何か吐き出そうと思っているのに、吐き出せない思いがありませんか。それはなんでしょうか。

少し目をつぶり、心を静かにして、ざわざわした自分の意識の奥を感じてみましょう。

多くのとらわれた意識が浮き上がってくるでしょう。いつもなにかにとらわれ、恐怖におびえ、不安を感じているあなたがいるはずです。自分のなかにこれほどの思いがあったとは、と驚くかもしれません。

それから、どうしてそんなに怯える自分がいるのか、冷静に考えてみましょう。すべては自分がつくりあげている妄想です。あなたはあなた、でしかありません。だれかとくらべるものではないのです。

もっと、自由に、ためらわずに生きてみませんか。

☆かんたんなアファメーション

「自分の思いを大切にします」

目の痛み

目の奥が痛い、目がかすむ、目が乾く、白内障、緑内障……と、目にも多くの症状があらわれます。病院に行っても、原因のはっきりしないものも多いでしょう。

目の症状は、おもに眉間の奥に存在するブラウチャクラが影響します。

頑固さゆえに真実を受け入れない、現実を見ようとしない、自分の考えが邪魔をして、人の考えを受け入れられないという、心の状態が影響しています。

☆改善方法

目の前の出来事を曇らせて見ているのは、自分であると気づきましょう。

人は見ることで多くの情報を意識の奥に運び込みます。その情報をどうとらえるかは、自分しだいです。「善」ととらえるか、「悪」ととらえるか。それによって、見える世界、住む世界は変わります。

なぜ、直感的に判断せず、頭で考えることを優先してしまうのでしょうか。頭で考えると、不安や恐れが湧き上がってきます。人を疑う思考や偏見というフィルターを通して物事をとらえるようになります。

心では「直感に素直に行動したい」と思っても、頭では「でも……」と考えてしまうのは、できなかったときの自分を想像して、みじめな自分が人からどう思われるかが怖いのではないでしょうか。

先の先まで考えてしまう思考は、しょせん、自分がいちばんかわいいという自我のあらわれです。頭で最悪を想定して心の望む方向へ進むのを拒めば、顕在意識と潜在意識とのギャップが生まれると同時に、恐れや苦しみも生まれます。

ほんとうに自分のやりたいことを素直にやるなら、この先、なにが起きたとしても自分でその責任を負わなければなりません。その覚悟ができている人のエネルギーは、パワフルで輝きに満ちています。

自分が望むものがあるのなら、直感を信じてみてはどうでしょう。

☆かんたんなアファメーション

「ほかの多くの考えを受け入れます」「自分の直感に従います」

頸椎ヘルニア

椎間板は椎骨間で衝撃を吸収する、クッションのような役割をします。

クッションの表面が破れて、内部の髄核が飛び出した状態が椎間板ヘルニアです。頸部痛、手足のしびれ、痛み、運動麻痺などのさまざまな神経症状を引き起こします。

首の問題の多くは、スロートチャクラの不調和が多いようです。

長年にわたって自分の意見を言えずに我慢していたり、発言にたいする不安や恐怖を心の奥で感じていたりすると、スロートチャクラのバイブレーションは下がってしまいます。

☆改善方法

自分の思いを素直に表現したら、なにか困ったことが起きますか。その発言でほかの人が笑ったり、まちがいを指摘されたりするのではないか、とまわりの評価に過敏になってはいませんか。

もし、そうだとしたら、それは大きな誤解です。

意見を言うと笑われるのではないか。笑われたら恥ずかしい。自分の意見にたいして、人が攻撃してくるのではないか。

そんな妄想で、自分の表現を抑えています。現実には起きてもいない妄想の出来事にたいして、自分を無意識に守っています。その深層には人を疑う思考、他人への偏見、自分のことなど他人がわかるわけがない、という傲慢さも含んでいます。

自分を守る思考とは、そもそも自分の思いを尊重していません。

人それぞれ、顔がちがうように考えかたもちがいます。つまり、まったく同じ意見などありえないのです。そう考えると、他人の考え、評価という前に、自分の思考が「まわりの人はこうなのだろう」と勝手にキャラクターをつくって、怯えているだけだと思えませんか。他人という存在を、あなたの心の状態、そのままでつくりあげているわけです。

「すべての人は善である」という思考であれば、人を信用するのはかんたんです。しかし、「人は悪だ」という思考では、人を信用できなくなります。

すべてはあなたの心の状態の問題です。

☆かんたんなアファメーション

「自分の意見を尊重します」

めまい

めまいには、自分や周囲がグルグルまわるような感覚の回転性、頭や体がグラグラ揺れる感じのする動揺性、さらに、体がフワフワするような浮動性の症状があります。

いずれも、耳や脳の病気でも起きるようです。代表的な病気にはメニエール病があります。めまいにかぎらず、耳鳴り、難聴などは、スロートチャクラが大きくかかわっています。

☆改善方法

喉のチャクラは自己表現を意味します。自分の思いが言えない、好きなことをやれない、思った通りの人生を歩んでいないなど、潜在意識と顕在意識の思いのギャップが、本人でも気づかないうちに起きている場合が多いようです。

考えてみてください。

自分が輝くのをあきらめていませんか。心の底から湧き上がる、自分らしい思いを封じこめていませんか。ほんとうはなにを言いたいのですか。どうしたいのですか。

本来、歩むべき道はあるはずなのに、いつからか、「こうあるべき」「こうでなければ」という思い込みから、自分の歩みを止めてしまっていませんか。

めまい、耳鳴り、難聴などの症状は、今のあなたの思考や行動が本来の道からはずれていると訴えています。

もう一度、心の声に耳を傾けてみましょう。

そして、「ほんとうはこうしたいんだ！」という声に気づいたら、迷わずやってみましょう。「ほんとうはこう思うんだ！」という思いがあったら、迷わず発言してみましょう。喉のチャクラが解放されるときは、潜在意識の心の声に気づいたときです。

でも、今、あなたは思っているかもしれません。

素直に言えたらどんなに清々しいか、よくわかっている。ほんとうにやりたいことができたら、どんなに気持ちがいいかもよくわかっている。でも、なかなかできることじゃないでしょう、と。

潜在意識は結果を求めているのではありません。潜在意識の思いに気づき、あなたがどう行動を起こすのかを求めているのです。

だから、すぐに結果を出そうと焦らず、まずは一歩からはじめてみてください。

チャクラを調和させるには、行動を起こすのがもっともよい方法なのです。

☆**かんたんなアファメーション**

「変わる勇気をもちます」

自律神経失調症

日常的なストレスからくる悲しみ、不安、虚しさといった憂鬱や無気力。自律神経失調症は、こうした心の状態が長期間回復せず、日常生活に支障をきたしてしまう病気です。身体の変調として倦怠感、不眠、食欲不振などの症状もあらわれます。

☆**改善方法**

自律神経失調症はひとつのチャクラだけの不調和ではありません。

おもにルートチャクラの問題が強いようですが、ほかのチャクラの不調和が長期間続いても自律神経失調症に発展します。

人によってルートチャクラとスロートチャクラであったり、ルートチャクラとハートチャクラであったりと、それぞれの特徴があります。また、それらの人は腰の問題も同時に抱えているケースが非常に多く見られます。

ストレスには人間関係や環境の問題があげられますが、自律神経失調症の場合、とくに人間関係の問題から発生しています。その人間とともに生活し、あなたがなにを思い、なにを感じているのか。そこがとても重要です。

目を閉じて、心を静かにして思い返してみてください。

今、あなたはなにに苦しんでいますか。なにに不安を抱えていますか。

具体的にあげられましたか。では、次の質問です。

どうして苦しいのですか。どうして不安を覚えるのですか。どうしてそう思うのですか。

自分自身をどんどん掘り下げてみてください。

その先には「自分」と言う存在だけが、ポツンといることに気づくはず。その「自分」は、きれいな自分ではなく、「汚い」自分ではありませんか。だいじょうぶです。あなただけを指摘しているのではありません。人はだれもが、もともと汚れた思考をもっているものです。

たとえば、初対面のとき。まだ話してもいないのに「自分とは合わない気がする」「冷たそうな人だ」などと、相手を心の奥で評価していませんか。

これが無意識の汚れた思いです。自分の心に起きるこのような動揺は、自分の思い込みによってつくられていると気づきましょう。

気づかないでいると、相手への憎しみ、妬み、ひがみなどの多くのネガティブな思いが、とめどもなくあなたの思考を占領し、思考の連鎖がはじまります。ネガティブな思考の連鎖を止める方法は第五章で解説していますので、そちらを参考にしてください。

謙虚さをもち、少しでも自分の「愚かさ」に気づくようにしましょう。

☆かんたんなアファメーション
「相手を思いやる気持ちをもちます」

心臓の病気

心臓は血液を全身に運ぶポンプです。心臓の疾患は知らないあいだに身体を蝕み、多くの症状をつくります。不整脈からはじまり、高血圧や臓器そのものの疾患、そして、重篤な心臓疾患（狭心症や心筋梗塞）まで発展します。

おもにハートチャクラが影響しています。

☆改善方法
他人にたいして、また、自分にたいして愛を表現できていないときに起こります。
いずれにしても、愛の実践という意味では、他人にも自分にも魂にとって重要な学びになります。

症状が重い場合、その人の幼少時の思考パターンが影響しているケースがあります。自分がきらいになる思考パターンが幼少時に形づくられると、その影響は大人になっても変わりません。

虐められた経験によって、自分がきらいになった。自分の思ったままを伝えたら、相手から非難を受け、それ以来、自分に自信をもてなくなった。そのほか、さまざまな出来事をとおして、結果的に自分がきらいになった。このような経験をしています。

また、反対のパターンもあります。

人と議論していると、どんどん怒りがこみあげてきて、その怒りをコントロールできないまま、相手にぶちまけてしまう人です。

そんな自分や相手にたいしての「不調和な愛」の表現にたいして、ハートチャクラはバイブレーションを落としていきます。

人は本来、だれでも慈悲の愛をもっています。他人にたいしても自分のことのようにやさしい笑みを与えたり、やさしい言葉をかけたり、困っている人がいれば手を貸したりできる存在なのです。

しかし、自分が満たされていないと、なかなか人にやさしくできません。

そこで、「愛は与えられるもの」という誤ったとらえかたを修正し、「愛は与えるもの」と書き換える必要があります。

むずかしくはありません。たとえ自分が満たされていなくても、人にたいしてやさしい言葉をかけたり、笑顔を見せたりといった行為ができたら、それは「慈悲の愛」のあらわれです。

ハートの不調和は、この愛が満たされていない状態です。さみしい、悲しいという気持ちはじゅうぶんわかります。しかし、その自分にとらわれて、ほんとうに大切な相手を思いやる気持ちに意識が向かなくなっていませんか。

いままで、どれだけの偏見で人を見てきたのでしょうか。そんな愚かさに気づき、人にたいする思い込みをなくして、笑顔ややさしい言葉をかけるようにしてください。

人にたいして、思いやりの気持ちをもつことで、逆にあなたのハートチャクラの愛は満たされていくのです。

☆かんたんなアファメーション

「人にたいしてやさしくなります」

第四章　治療家やカウンセラーの役割

痛みをとることが治療ではない

道を歩けば、病院や接骨院、整体院、鍼灸院、マッサージ、リラクゼーション……と、数かぎりなく、痛みや症状を改善してくれる場所があります。

西洋医学以外の医療に従事する人達が爆発的に増えた背景には、西洋医学の限界をクライアント自身がいちばん感じていることがうかがえます。

とはいえ、昔なら、ひとつの町では業態別に1店舗ずつ、くらいの感覚でしたが、今では接骨院がとなり合わせだったり、ビルの1階が鍼灸院、2階は整体院、3階がリラクゼーションだったり、といった具合で、コンビニ以上に乱立しているかもしれません。

クライアントの視点に立ってみると、これでは「どこへ行けばいいのだろうか」

と迷ってしまうのは当然です。その結果、クライアントが本物の治療院を探し当てることが、宝くじに当たるくらいの確率になってしまいかねません。

　病院では、治療よりも検査が主体です。骨折や炎症がなければ、塗り薬や鎮痛剤を渡されて終わり。検査で異常がなければ、痛みを訴えても医師の耳に届かないこともあります。それでも、よくなりたいという一心で、多くのクライアントが本物の治療家を求め、さまよいつづけています。

　かりに、クライアントが自分の理想とする優秀な治療家に巡り合えたとします。しかし、その治療家が痛みや症状をとることだけを目的にしていたら、そのクライアントは痛みや症状から解放されません。なぜなら、たとえ痛みや症状が薄れ、改善されたかのように思えても、そのほんとうの原因を治療家やクライアントが知らなければいずれ再発するからです。

　何度も書いてきたように、痛みや症状は、身体＝潜在意識からのメッセージであり、本人にわかってほしくて発しています。それを聞かずして、痛みや症状をなくしてしまったら、メッセージを送る側は次のように対応します。

「気づいてほしかったのに消されてしまった。また、メッセージを送らなければ！」

こうして、同じことが何度も起きるのです。

医療従事者、治療家は数多くても、真剣に身体からのメッセージを感じとろうとしている人は多くありません。痛みをとるだけが人助け、とかんちがいしている治療家も多いようです。

でも、痛みや症状をとろうとしてさまざまな治療を試みているのに、どうにもならない現実が多すぎる事実に、そろそろみなさんは気づいていると思います。

物理的な技術で治せる症状は全体の1割くらい、と私は考えています。つまり、今のままでは9割のクライアントが治らないまま、病院や治療院を転々とさまよい続けなければなりません。

クライアントの認識も変える必要があります。

「痛みや症状は身体からのメッセージ」という私のアドバイスに、真剣に耳を傾けるクライアントは10年前からすれば増えましたが、まだ少数です。

ですから、クライアントと1対1で向き合える絶好の機会に、身体の痛みや症状のほんとうの意味を伝えられる治療家が増えてくれれば、クライアントの認識も変わっていくでしょう。

マッサージでも針でも灸でもかまいません。苦しむクライアントを救う方法はなんでもよいのです。

治療家とクライアントのあいだで「身体の声をもっと聞きましょう」「あなたの思考や行いがまちがっているから症状にあらわれたのですよ」という会話があれば、クライアントが病気に意味を見出す機会はもっと増えるにちがいありません。

痛みや症状はその人の意識を内側に向けようとしている

腰痛になったとき、温泉に入ったり、マッサージなどの治療行為をしたりして、逆に症状を悪化させてしまうケースがあります。

腰痛は、筋肉がかたくなっているわけではなく、腰の筋肉の部分断裂、内臓の機能低下、椎間板の歪みといったさまざまな要因があって、それらが痛みや症状として出ています。

筋肉をマッサージでほぐせばよい、という考えではなく、どうして筋肉がかたくなったのかを考えてみる必要があります。

まず、まちがった筋肉の使いかたをしてしまった場合が考えられます。重いものをもったとき、かたよったもちかたをしていたのかもしれません。

次に、腰が痛くなってきたときの心の状態をふりかえってもらいます。

イライラしていた。不満が多くて文句ばかり言っていた。心配ごとがあった。探っていくと、本人が思い当たる節がかならずあります。これは、身体の免疫力が落ちる思考や行いにクライアントが気づくという意味で、とても重要です。

どうして筋肉がかたくなるのか、身体の構造からも見ていきましょう。

筋肉は身体の表面を構成していて、伸び縮みしています。その内側には骨格、内臓、血管、神経、リンパなどがあります。ということは、筋肉の表層に症状があらわれる前に、その内側にもかならずなにかしらの変化があるはずです。

その結果、筋肉の緊張が生まれ、やがて痛みなどの不快感が生じてくるわけです。

つまり、神経・リンパの変化→血管・内臓→骨格・筋肉の順というあらわれかたです。

多くの場合、ホルモンバランスが崩れ、元気がなくなってきた、少し鬱々としてきた、身体の痛みや不調が出てきた、といったときは、免疫力が下がっています。身体を流れるエネルギーの流れが悪くなると、内臓、骨格、筋肉のエネルギーも枯渇します。神経系統をはじめ、内臓、骨格が本来あるべき状態から逸脱しはじめます。そして、骨格に歪みが生じるために、いちばん外側で柔軟性をもつ筋肉が、自然のコルセットのように筋肉を緊張させ、骨の保持につとめるのです。

このような自然の法則にあった筋肉の緊張という現象なのに、「かたいからそこが悪い原因だ」と言ってほぐしたりするのは、とても浅はかな行為に思えます。

治療行為をしなくても、クライアントがまちがった身体の使いかたや、不満、愚痴などといったネガティブな思考に気がつき、その行為をあらためれば、3日もあればかなり回復してくるものです。

痛みや症状は、つねにその人の意識を内側に向けようとしています。いくら外側に原因を探しても見つかるものではありません。

コルセットはいらない

一般的に、腰痛で接骨院や病院へ行くと、かならずといっていいほどコルセットをはめられます。

「いらない」と言っても買わされます。しかし、当院へ来られる腰痛、ヘルニアのクライアントには、まず、コルセットをやめてもらいます。

理由は、コルセットを腰に巻くと、身体のエネルギーの流れが確実に悪くなるからです。つまり、コルセットをすると治りが悪くなるのです。

「これがなければ仕事にならない」とおっしゃる人もいますが、私に言わせれば、あってもなくてもさほど変わりはありません。実際には、不安だからつけているだけの人がほとんどではないでしょうか。

安静に保つためには、ある程度の安心感は必要かもしれませんが、いくらなんでも寝るときまでしている人がいるのは困ったものです。

コルセットは、身体の中心を流れる、大きなエネルギーの本流を止めてしまいます。

その結果、とくに腰のまわりのエネルギーの流れが激減します。エネルギーが流れてこそ、自然治癒力が生まれるわけですから、これではいつまでたっても治りません。

正しい治療を施せば、ほとんどの場合、コルセットは不要です。

コルセットをクライアントに与えることは、治療にならない安心感を与えているだけで意味がありません。正しい治療で身体が整い、癒されれば、コルセットがなくても安心感は生まれてきます。

コルセットを長期間つけている弊害についても覚えておいてください。

コルセットがあれば、身体はもう筋肉を緊張させる必要がないと判断し、治そうとしなくなります。そればかりか、筋肉がつかずにどんどん痩せていきます。

そうならないためにも、コルセットのいらない正しい治療をしましょう。

思い通りにならないクライアント

チャクラカウンセリングでは、チャクラを見てクライアントに質問します。

「あなたはこうではありませんか」「こんなことで考えすぎたりしていませんか」「人間関係や環境で苦しんだりしたことはないですか」というように。

ところが、「そんなことはない」「心の問題などはない」「精神的にはなんの問題もない」「ただ、痛いんです。この痛みをなんとかしてください」と言うばかりで、こちらの意見をまったく聞き入れようとしないクライアントがいます。

チャクラカウンセリングがはじめての人は、心と身体のつながりがわからないのがふつうです。そこで、カウンセリングの前に、クライアントがチャクラカウンセリングの意味や意図、さらに、身体に現れている症状は自らの思考や行為のどこかに原因があるのだとしっかり理解しているかどうか、の確認が重要です。

こちらとクライアントに思考の差があると、せっかくの気づきのチャンスがだいなしになります。そのためにも、はじめからクライアントに意識を変えてもらわなければなりません。

人はどうしても、身体にあらわれる痛みや症状にだけ意識が向いてしまいます。なぜ痛みが出ているのか。なぜ症状があらわれているのか。

「それは身体からのメッセージなのですよ」と、クライアントにわかるように説明しなくてはなりません。

とはいえ、自分の思い通りにならないクライアントには、不満をもったり、いらだちが募《つの》ったり、やる気が失せたり、失望したりと、ヒーラーの心からさまざまな思いが湧き上がるものです。この思いこそ、ヒーラー自身の自我であり、自らを苦しめている想念だと知ってください。

「クライアントのためを思って言っているのに、どうして聞いてくれないんだ！」

これは自分勝手で傲慢な思いです。クライアントを通して自らの心の煩悩を知る機会を与えられているからこそ、ヒーラーはそれに気づき、自身の心の靄《もや》が晴れるのです。

心と身体のつながりを、なんとなくでも理解している人には、それほど時間をかけて説明する必要はありませんが、「身体は身体」「心は心」と、両者を分離して認識している人は多いのです。

わからないクライアントには説明をじゅうぶんにしたうえで、なお理解してもらえないようなら、しかたないことですが、あきらめも必要です。こちらの考えを押しつけられないからです。

ヒーラーである私たちでさえ、はじめから心と身体のつながりがわかっていたわけではありません。ですから、心の問題に向き合うのがはじめてのクライアントにとって、なんのことかわからない状況であったとしても、無理はないのです。

治りやすい人と治りにくい人

治療家をやっていると、治りのいい人と悪い人がかならず存在するのがわかります。治る人はその場でよくなり、いままでの不具合もすぐに消失し、痛みも軽減されいます。また、初日はあまり反応が出なくても、2、3日して劇的に回復する人もいます。痛みは残るものの、関節の動きがスムーズになって、数日で不自由のない状態にまで回復する人もいます。

それにくらべて、治りの悪い人は何回やってもあまり効果を実感していただけません。ヒーラーとしてとても残念なことですが、クライアントが結果をすぐに求めるようであれば、私は次回のヒーリングは強要しません。

ヒーラーとして人の役に立ちたいと望む気持ちはありますから、すべての人を早くよくしてあげたいと思うのですが、神様でもないかぎり、どんなに有名で技術にすぐれた治療家やヒーラーでも、無理なものはどうしようもありません。まして、人間の身体は機械ではありませんから、部品をとりかえるようにかんたんにはいきません。

では、なぜこのように、同じ人間でありながら治りの良し悪しがあるのでしょう。私から見た「治りのいい人」の共通点をあげていきましょう。

1．素直な人

2. コミュニケーションのとれる人
3. ニコニコしている人
4. 楽しんでいる人
5. おまかせできる人
6. 落ち着いている人
7. 痛みを人のせいにしない人

以上のような傾向のあるクライアントは、比較的早く結果が出て、楽に治癒が進んでいくようです。治りの悪い人は、この逆の傾向にあります。

最初から解説しましょう。

「素直な人」とは、人の話をきちんと聞いて、受け入れてくれる人です。

そのような人とは、話をしていても、とても気持ちのいい空間がつくれます。素直な人なので、「大丈夫ですよ。心配しないでくださいね」と言うと、それだけで安心して、ヒーラーの言葉や治療を受け入れてくれます。

身体が発している痛みの意味を私が説明しても、なんの疑いもなく「そういうことだったんですね！」とわかってくれます。そして、その痛みも自らがつくりだしたことを認めてくれます。

いっぽう、素直でない人は、痛みにとらわれてしまい、私の話など聞くこともなく、「早く痛みをとってくれ」「なんとかしてくれ」ばかりです。どんなに痛みの意味やそのメッセージを説明しても、なかなか理解してくれません。

ヒーラーは、癒す、治すが仕事ですが、注射や薬を出すわけではなく、クライアントのもっている自然治癒力という処方箋を出す以外に方法がないのですから、困ってしまいます。

「コミュニケーションのとれる人」は、こちらの言葉の意味を正しく理解してくれて、自分の心にしっかりと受け入れてくれます。相手の思考に意識を合わせて、調和してくれる人です。言葉も配慮があって聞きとりやすく、丁寧です。だれでもはじめて会った人にたいして不安に思うものですが、その不安をとりのぞくのは言葉や表情です。それが相手を信頼し、受け入れやすくしてくれます。

「ニコニコしている人」とは、痛みがあるのにニコニコしている、という意味ではなく、常日頃から笑顔が絶えず、ニコニコしているという意味です。これも、相手との距離をちぢめて、より親しみやすい状態をつくってくれます。笑顔だと余分な力も抜けて、身体の回復も進みやすいように感じます。なによりも、その人が何事にも不満がなく、感謝の気持ちで溢れている状態がすばらしいと思います。

「楽しんでいる人」も同様です。何事にも楽しんでのぞめる人は、苦しみや不安を乗り越える力が強い人です。強い人には強い信念を感じます。

「おまかせのできる人」はヒーラーを強く信頼し、どうなろうともすべてを託す気持ちがあらわれています。このような人は自分自身のことも信頼し、生活そのものがおまかせの精神で、病気の意味も素直に受け入れられるはずです。また、自分のもつ自然治癒力を信じられる人です。

「落ち着きのある人」は感情の起伏も少なく、いつも生活を淡々とこなしています。心が感情で支配されず、自らのコントロールによって平静を保てる人です。そうでない人は、目や耳から入るさまざまな情報（不安や恐れなど）を自分で色づけして、心に落とし込み、冷静さを失い、不安定になっていきます。その結果、その心の動きが肉体に痛みや症状をつくってしまいます。

「痛みを人のせいにしない人」は、痛みが出たからといって他人のせいにせず、たとえその場で治せなかったとしても、けっして治療家を責めるような態度はとりません。痛みが自分の問題だと自覚していて、自らの内側に意識を向けている人です。

反対に、痛みを人のせいにしがちな人は、痛みが急にあらわれると、あわてたり、痛みがとれないのを治療家の責任にすりかえたりするばかりで、自分の行いの過りに目を向けようとはしません。

治りのよい人のほとんどは痛みを受け入れています。痛み、病気の発生要因を、自らの思考や行いのなかから探し当てて、反省できる人です。

救える人と救えない人

医師や治療家のなかには、すべての人を助けたいとがんばっている人もいますが、「助けられる人しか、助けられない」というのが現実です。チャクラやエネルギー体をあつかって治療していると、これがはっきりわかってきます。

ここで少しだけ、魂に関する専門的な話をします。

私たちは何回も生まれ変わって多くの経験をしているのですが、その経験は実は治療に生きています。

生まれ変わりにおける多くの経験は、本人を真理に目覚めさせる目的であらわれてきます。ですから、ひとつずつ乗り越えて悟っていれば、魂にはっきりと刻まれて、潜在意識ではすでに理解しています。

生まれ変わった今、この地球の現実の世界において、それがどう関係してくるか。それは、治療家が何回も生まれ変わって、自分が経験して乗り越えたことと同じことで悩み苦しむクライアントなら助けられるようになるのです。

しかし、自分が経験していない要望には応えられません。そういう意味でも、治療家の魂の成熟度が、クライアントの意識の気づき、症状の改善に大きくかかわっています。

とはいえ、クライアントは自分の魂の成熟度を知り、治療家やカウンセラーを選べるわけではありません。そのため、担当する治療家やカウンセラーによって、治る、治らないが起きてしまいます。

具体的に言えば、たとえば治療側の先生の魂の成熟度を10段階で5とします。すると、その先生は成熟度5以下の人達は助けられますが、5以上の人達の経験値がないので、彼らは助けられません。

ここで、6以上の魂レベルをもつクライアントは、それ以上の魂レベルの先生に治療を受けなければ救われない、治らないとなってしまうのです。

それだけでなく、先生の魂レベルが10でも、それ以下の人をすべて救えるかといえば、そうではありません。

クライアント側にも魂レベルが存在しますから、魂レベル5の先生によって劇的に救われる人達は、レベル4の人達です。なぜなら、魂レベルとは、言い換えると「意識レベル」ですから、レベル5の先生の言っていることをきちんと理解できる人はレベル4の人で、それ以下のレベルの人には先生の言ったことがまったく理解されない、という残念な現象が起きてしまいます。

そこにも、人が段階的に学び、気づき、成長するプロセスがかならず存在しているのがわかります。

意識レベルがちがえば、こちらの言葉を迷惑と受けとったり、愛の気持ちからの言葉を攻撃と受けとられたりします。でも、これはしかたのないことです。

その意味で、「治せない」「救えない」と、治療家が悩み苦しむ必要はありません。自分が救えなくても、救える人はかならず存在します。それが、その人の役目です。世の中のすべてのことは、そのようにして成り立っているのですから。

最後に、誤解のないようにお伝えしておきます。

人を救ったからといって、その人の魂レベルが上がるわけではありません。カウンセラーや治療家の行為は「救った」「治した」ではなく、「救い上げた」「引き上げた」にしかなりませんので、傲慢にならないようにしていただきたいと思います。

治療に時間をかけすぎると、ヒーリングの質が下がる

私たちはエネルギー体そのものです。

ヒーリングは、肉体ではなく、エネルギー体という媒体がしていると考えてください。

だからこそ、治療に時間をかけすぎると、エネルギー体に自我が発生してしまいます。思考の曇りを心につければ、本来のバイブレーションを低下させ、ヒーリングの質を無意識に下げてしまいます。

治療家やヒーラーが、よかれと思って治療に時間をかけすぎてしまうケースは多々ありますが、時間をかければかけるほど思考が働き、本来の媒体とは格段の差が生まれてしまいます。ムダにかけた時間は、信じる力や直感を奪ってしまいます。

世のなかには「俺は達人だ。癌患者もいっぱい来る。なんでも治せる」と豪語する人もいます。

自分が治すだなんておこがましいことです。加えて、こうした治療家によくみられる、治療成果を求める思考も、実は効果を下げてしまう要因なのです。

苦しむ人を目の前にすると、人は知らず知らずのうちに自分とクライアントを共鳴させて、相手の重い想念に引きこまれます。それによって、自らの体調を崩す場合がよくあります。

そういった意味でも、結果を求めるのではなく、「自分ができることをすべてやりきる」という思考に集中してください。

すべてのヒーラーや治療家は、本来「愛」の存在です。しかし、その「愛」のとらえかた、使いかたを多くの人がまちがえているのは、とてももったいないと感じます。

治療家やヒーラーは、自分を守ることも知らなければなりません。愛する意味をはきちがえないようにしたいものです。

なぜ、そのような思考や行動を生むのかを探る

クライアントの多くは、悟りへ近づく道半ばの状態です。

その姿は、ヒーラーへ向けたメッセージでもあります。つまり、クライアントはヒーラーが越えなければならない課題を持って来てくれる役割を担っている、と私は思います。

クライアントは自分自身を映した鏡です。

ヒーラーはクライアントの不調を改善するのが目的ですが、実はヒーリングやカウンセリングは自分のためにも行っています。カウンセリングでクライアントに発する言葉は、カウンセラーが自分に向けて客観的に言っている言葉ではないか、と気づかされるケースはめずらしくありません。

とくに、カウンセリングをはじめたばかりのころはそんな傾向が強く、カウンセリングの最中に「自分もできていないのに、こんなことを伝えているのだな」「今、

伝えていることは、そういえば自分もできていないな」と気づかされるものです。「自分でできていない人が、カウンセリングをしてもよいのか」という反論があるかもしれませんが、私はまったくかまわないと思います。なぜなら、その言葉は嘘偽りの言葉ではなく、普遍の意識とつながった状態であなたがた（カウンセラーとクライアント）に向けられた言葉なのですから。それをヒーラー自身の口でクライアントに伝えるからこそ、ヒーラーも自らの不調和な思考に気づき、たがいに高めあい、成長していくのです。

人として完成されたヒーラーやカウンセラーなど、この世にいるはずがありません。ですから、治療家ができていないことを恥じる必要はなにひとつありません。それよりも、自分の口から出てくる言葉を謙虚に受け止めるという姿勢が、治療家のエネルギーの媒体としての質を上げ、成長させてくれることでしょう。

ひとつの課題をもったクライアントによって自らも気づき、学び終えると、次はまたちがった次元の課題をもつクライアントが訪れます。そしてまた次の課題に立ち向かい、乗り越えていく。そのくりかえしです。

身体に出てきた痛みや症状は、本人も気づいていない無意識の不調和な思考や行動です。その不調和な思考や行動自体に意識がとらわれてしまうと、実相が見えなくなります。その奥に潜むクライアントの「なぜ、そのような思考や行動を生むのか」に焦点を当てて、カウンセリングしなければなりません。

クライアントの思考や行動には、「自分が優位に立ちたい」「自分を守りたい」というような「自分と他人」を分離することから生まれた想念が、かならず含まれています。

治療はカウンセリングを通して、クライアントを次の次元に引き上げるのが目的であり、痛みをとる、症状を改善するといった行為は、本来、それほど重要ではないのです。

不調和なエネルギーと共鳴するとき

人混みに行くときまって気持ちが悪くなり、首や肩が張ってくる。ある場所に行

く と調子が悪い。そんな経験をしている人は意外と多いものです。

こんなことを書くと、霊のしわざとか、悪霊、生き霊のような言葉が思い浮かぶと思います。おそらく、あなたが思っている通りだと思いますが、実は私にはそれらが見えません。

見えないので、私には霊のしわざ、悪霊、生き霊の影響と断定はできません。

私には、それらはたんに重い不調和なエネルギーとして感じられます。そして、それが人間の霊であったり、動物霊であったり、人の生き霊であっても、私にとってはどうでもよいことです。

クライアントの多くは、はじめのうち、そんな負のエネルギーを身体にまとって来院されます。そのような人の訴えにはある共通点があります。

それは、寝つきが悪い、眠りが浅い、という、眠りに関係したものです。

睡眠はたんに身体を休めるだけでなく、エネルギーの充電にとても重要です。睡眠によって充電がじゅうぶんになされないまま日常の生活を続けていると、エネルギー不足の影響から、身体がだるく、疲れやすくなります。また、感情に乱れが生じて、イライラしたり、ちょっとしたことで怒りっぽくなったりもします。

負のエネルギーを引き寄せて身体にまとわりつかせたのは、クライアント自身です。その人が高いバイブレーションであれば、低いものは共鳴するはずがありません。つまり、クライアントのバイブレーションが負のエネルギーと共鳴するほど近い周波数を発していたのが不調の原因です。

負のエネルギーに共鳴してしまうときのほとんどが、過去における不調和な思考や行為が原因です。カウンセリングによって自らの過ちに気づけば、負のエネルギーも共鳴できず、自然と消えていくのがふつうです。

このように、私は「負のエネルギー」を感じ、その除去もおこないますが、もし、私に霊の存在が見えたら、私はそこに執着してしまい、怯えたり恐れたりして、霊にコントロールされてしまうでしょう。その結果、正しい判断、正しいヒーリングができなくなると思います。

このような負のエネルギーが共鳴しないように、自分の口から出る言葉や思いには注意が必要です。

どんなにいやなことがあったとしても、相手を憎んだり、恨んだりしたら、相手と同じ次元に自分が存在することになってしまいます。そんな思いをもたないように、思いや言葉は正しい愛のあるものにしたいですね。

ヒーラー自身のバイブレーションを高めるには

クライアントのチャクラや身体の状態を見る精度は、ヒーラーによってちがいます。

バイブレーションの不調和は器械を使って調べるわけではなく、ヒーラー自身の感覚が頼りです。そこで、ヒーラーのバイブレーションが精妙であれば、クライアントの乱れたバイブレーションを敏感に感じとれるでしょう。

しかし、湖面に波紋ができるように、ヒーラーのバイブレーションが乱れていると、クライアントの乱れたバイブレーションと重なり合って、感じとるのがむずかしくなります。感じる能力を磨くには、自らのバイブレーションをより精妙にしなければなりません。

では、どうすれば精妙になるのでしょうか。

まず、ヒーラー自身が煩悩という不安や恐れに日々苦しめられているようでは、精妙なバイブレーションとはほど遠い存在になってしまいます。

自分の心の奥底から湧き上がってくる煩悩にたいして、素直に向き合い、そこをクリアすることをつねに頭において、思考や行動をコントロールしてください。

エネルギーの不調和は、自らの思考や行いが自然の摂理に反している場合に起きます。ヒーラーの思考が「自分」という自我意識に縛られていると苦しみが生まれ、思考の不調和が起きて、それはヒーラーのチャクラにかならず影響します。

自分の心の状態は自分でもわからないものです。世俗の乱れた環境のなかでは、なおさら自分を見失いがちです。心の状態を知るには、仏教でいう禅定（瞑想）の実践がおすすめです。

自分の無意識の領域からくる自我の思いを知りましょう。深く自分の心と向き合い、心の奥底からいったいなにが湧きあがってくるのかを知るのです。多くの苦しみは「自分」から発生します。自分へのとらわれが多ければ多いほど、不安、恐れ、苦しみが湧きあがってきて、なにをしていいのかさえわからなくなります。

思考の根本である「自分」というとらわれに気づき、日々、そのとらわれが少しでもなくなるように、思考や行動を正していきましょう。それは、汚れた大河にきれいな水を一滴ずつ落とすような地道な行動ですが、毎日の一滴が大切なのです。

ヒーラーへの注意点　まとめ

本章の最後に、チャクラカウンセリングを行うときの注意点をまとめてみました。これまでの記述と重なる部分もありますが、とくに重要な点なので熟読していただきたいと思います。

①勝手な思い込みによるカウンセリングをしてはいけない

　勝手な思い込みで、感情の赴くままにクライアントに伝えてしまい、あとで後悔するといったことはほとんどの人が経験します。

　人間ですから、感情が揺れ動くのはしかたがないのですが、カウンセラーの心が自我にとらわれていては本末転倒です。カウンセリングに自我が入ってしまうと、天と地をつなぐ純粋なエネルギーフィールドのなかに汚れたエネルギーが混ざってしまいます。発する言葉は、自我のない、直感的なものであるべきです。

　また、クライアントからなにかを問われて、「自分だったらこうする」などと、自分を基準にしてアドバイスをする人もいますが、クライアントこそが自分にとらわれて苦しんでいるのですから、カウンセラーがそうしたアプローチをしてはいけません。

　カウンセラーの「自分」は横に置き、完全に天と地をつなぐ媒体に徹してください。目の前のクライアントに接するなかで、「この人が楽になる思考はどんなものか」「このクライアントはこういう思考だから、こう変えたら救えるかもしれない」と、相手の身になって考えるのがもっとも重要です。

言葉のバイブレーションを高次のバイブレーションとしてクライアントの潜在意識に送るには、自分の思いを極力なくし、媒体に徹して、普遍意識と共鳴した存在になる必要があります。

そのために、クライアントと接するとき、心に思うこと、感じることを深い愛をもって行ってください。どれだけクライアントと寄り添い、親身になって慈悲の愛を実践できるか。ヒーラーとしての質が問われるところです。

②たとえ自分ができていなくても臆せず伝える

カウンセリングをはじめたばかりの方に「自分ができていないことをクライアントに言ってもいいのでしょうか」とよく聞かれます。

私は「いいです！」と答えています。

また、「自分も正しい思考が完璧にできていないのに、（クライアントに）上からものを言っているようで心苦しい」という心理もあるようです。

たしかに、上の立場から言えば苦しいでしょう。ですから、クライアントと同じ目線で言えばいいのです。たとえば、「自分もできていないんだけどね」と前置きしてから、「でも、こんな思考だと楽に生きられると思うんだけど」と伝えてみてください。

「正しいことを言わなければ」「いい話をしなければ」という固定観念は、カウンセリングには邪魔なだけです。偉そうにわかったふりをする必要などなく、たとえば「聞いた話なんだけど」という切り出しかたでもいいと思います。

また、カウンセラーがネガティブで、悩み苦しんだ経験をしていればいるほど、救える人は大勢いると思います。自分の人生経験が、同じ悩みや苦しみをもつ人の助けになるわけですから、自分が乗り越えた方法をそのまま伝えればいいだけです。

すでに述べたように、今、あなたの前にあらわれているクライアントは、あなたの映し鏡です。カウンセラー自身が悩み、苦しんでいるのと同じ課題をもった人がかならずあらわれます。そして、その人に言う言葉は、実は自分にたいして言っています。

目の前にいるクライアントがいるおかげで、自分の影の部分を引っ張り出され、そこに光を与えられます。そこではクライアントを引き上げるのと同時に、自分も引き上げているという現象が起きています。人のためと思ってやっていることが、実は自分のためだったのです。

ヒーラーの次元もさまざまですから、当然、救えない人がいるのも自然の摂理と理解しておいてください。

③クライアントを脅かしてはいけない

クライアントからすれば、さわらないだけでも不思議で怪しいのに、見えないものを見てカウンセリングするのは、それ以上に怪しく感じられるかもしれません。

だからこそ、カウンセラーは特別な存在ではない、と自覚する必要があります。特別なことができるヒーラーや治療家は、クライアントも特別扱いして、崇め奉られる可能性があります。

これはとても危険です。ふつうの人がそのように崇め奉られたら、鼻はどこまでも長く伸び、傲慢になっていきます。そうなると、人を脅かしたり、陥れたりする行為すら平気になり、その人間は堕ちるところまで堕ちていきます。

「脅かす」という行為は、深層心理の「依存」を招き入れる行為です。

心の弱ったクライアントが脅かされると、「この先生の言うことを聞かなければ、今以上に悪くなるかもしれない」と思ってしまい、依存がはじまります。

ヒーラーがチャクラという見えないものを知れば知るほど、意識の深いところから多くの情報を得て、クライアントの思いとはちがうメッセージを感じとれるので、心が弱っているクライアントへの悪影響は否めません。

また、チャクラはその不調和な状態に応じて、軽い症状から癌などの重い症状まであらわれます。たとえば、ソーラチャクラに不調和があると、消化器系の内臓の問題が多くあらわれるのですが、そのとき、「このままにしておくと、いずれ癌になりますよ！」などと言って脅かしてはいけません。

脅かせば、かならずクライアントの心は揺れ動きます。それは、チャクラやエネルギー体にとってもいいことではありません。ますますバイブレーションが下がり、自然治癒力も落ちます。

たとえ、脅かすという行為でクライアントの意識が一時的に変わっても、いずれクライアントは何事もなかったかのように、いつもの思考にかたよるでしょう。それではなんにもなりません。無理にクライアントの意識を変えるのではなく、本人の気づきと意志の力で意識を変える方法がいちばんです。

クライアントが思い通りにならないと、人はどうしても知識で人をコントロールしようとします。それは人を見下す行為であり、傲慢としか言えません。

そもそも、「病気は悪いものだ」という観点があるから、脅かすという行為に発展します。カウンセラーは病気の意味をしっかりと理解して、クライアントに伝えてほしいものです。

④答えを言ってはいけない

カウンセラーがある程度経験を積んでくると、クライアントの思考パターンがわかり、クライアントの望む答えがわかってしまう場合があります。

しかし、あくまでも「カウンセラーはクライアントが楽になる答えは知らない」というのが原則です。なぜなら、今の苦しみや不安はクライアント自身がつくりあげたものですから、すべての答えをクライアントの内から引き出さなければいけないからです。

ほとんどの人は、その答えを外に、つまり、目の前にいるカウンセラーに望みます。これは依存を生んでしまいますから、そうならないように注意深く誘導しなければなりません。

苦しみの芽は自分自身の心の奥深くにある、とクライアント本人が気づくことが、今の苦しみから解放されるもっともよい方法です。安易に教えては、過ちに気づけないどころか、また同じ過ちをくりかえすかもしれません。

人は、心の奥にある潜在意識の壺に、無意識に蓋をしています。昔のいやな経験、ネガティブな経験を、思い出したくないからです。しかも、蓋をしたことすらいつのまにか忘れてしまっていますから、あえて自分でその蓋に気づいてもらわなくてはなりません。

クライアントによくなってもらいたいと思うあまり、カウンセラーはつい、自分がわかっている答えに誘導しがちですが、そこはじっと我慢して、やさしく見守ってください。

調和した時空間をクライアントと共有していると、気づきのときは自然と訪れ、チャクラは自然と解放されていきます。その心地よいときがくるのをじっと待つことが、カウンセリングには重要です。

⑤絶対的な「愛」で接すること

「愛で接する」と言っても、LOVEではありません。

好きやきらいの「愛」ではなく、かぎりなく自分が存在しない「愛」をさします。

しかし、「そんな心境で人と接して話をするなんて、なかなかできないのではないか」と疑問を持つ人は多いはずです。

シンプルに考えましょう。

目の前にいるクライアントを本心から思い、自分のことのように感じ、ともに道を見つけていこうとする姿勢によって表現されるのが「愛」です。

どれだけ相手を思いやる気持ちがあるのか、です。

もし、自分がカウンセラーとして成長したいと心から望むのであれば、この「絶対的な愛」の表現を惜しんではいけません。どんなに挫けそうでも、どんなに答えが見つからない状況でも、そこにはかならず道があると信じて進んでください。

カウンセリングがうまく進まなくても、焦る必要はありません。

カウンセラーの心が焦りや不安で揺れていては、しだいに自我が生まれ、クライアントを無意識でコントロールしてしまうようになります。

よい結果を出そうと考える必要もありません。

よい結果を出したいという気持ちは自我のあらわれです。自我をもってクライアントにカウンセリングするのを、仏教では「我愛」と呼びます。自分がいちばん愛おしいという、愚かな思いです。

我愛をなくし、ほんとうの愛を探し出したとき、答えはあらわれるでしょう。

私たちができるのはかんたんなことです。慈悲の愛をもってお話を聞き、そこにいるクライアントにただ寄り添うだけでいいのです。

第五章　「自分のために生きる」生き方

意識の変化で病気が治る

本章では、治療家やカウンセラーがクライアントを前にしたとき、あるいは自分の気持ちが揺れ動いたとき、ヒントになる意識の変えかたについて解説していきます。

まず、自分の意識を変えるには、「気づき」が必要です。

「どうして自分は不安に感じているのだろう」「どうしてこんなに悩んでいるのだろう」「どうしていつまでも幸せになれないのだろう」と、まず自分の内側に意識を向けて客観的に自分自身をとらえます。

気づきは外ではなく、自身の内側に存在しています。

自らの「なぜ？」という疑問を通して、答えが引き出されます。たとえば、「なぜ、こんなに自分が悩み苦しまなければならないのか」という疑問に答えが出ると、次は「それで、どうしたら楽になるのだろう」という発想に変化していきます。

物理的になにかを変えるには時間やお金がかかりますが、意識や思考を変えるのにお金はかかりません。それほど時間も必要ありません。自分の考えかたの誤りに気づきさえすれば、その瞬間、変化が起きるはずです。

とはいえ、実際に行おうとすると、自分の誤りにはなかなか気がつかないもの。ですから、人が意識を変えるのは、たいてい窮地に立ったときです。これ以上このままでは、死んでしまう。どうにかなってしまう。そんな状況でないと、なかなか動かないのです。

それまでは「この考えでなにが悪いの」と思っていたり、状況を変えるのを恐れていたりしています。「この状況であれば多少は苦しいけれど、けっして死ぬことまではないだろう」という余裕があるからです。

しかし、意識を変えないままでいると、時間の経過とともに、再びその苦しみにとらわれ、もがくはめになります。変えるのを先延ばしにすればするほど、「少しの苦しみ」を、人生のループのなかで何度も何度も、気づくまでくりかえします。

もしかしたら、人は心のどこかでわかっているのかもしれません。

「今回はなんとか問題から逃げられたものの、次はどうなるのかわからない」

そんな思いを持ち続けて一生を過ごすのか。勇気を出してその苦しみに立ち向かい、自らの意識を変えていく道を選ぶのか。どちらかの選択です。

仏教では、魂は輪廻すると言われています。今世でたとえその苦しみから逃れられたとしても、もしかしたら、来世でくりかえされるかもしれません。もし、そうであれば、今世さえ逃げきれたら、それでいいのでしょうか。そんな気持ちで生きるのは、私には自分という乗り物にたいして申し訳ない気がします。

意識を変えるには勇気が必要です。迷ったときには、自分の人生は自分ひとりの人生ではないと思ってください。

なんのためにその身体をご先祖さまから引き継いでいるのでしょう。もし、あなたが問題から逃げてばかりいたら、あなたの逃げる姿を見たご先祖さまは嘆き悲しむでしょう。なぜなら、勇気を出して自分を変えることは、自分を支えるすべての人達（魂）の望みだからです。

意識と思考が変われば、人生は急速に進みはじめます。今までにない展開が起きはじめ、痛みや症状が軽減して、身体にパワーがみなぎってきます。

これはいったいなにを意味しているのでしょうか。それは、あなたの成長を上の人達がサポートしているということです。

これをエネルギーヒーリングの観点から説明すると、意識や思考が変わると、人体をとりまくエネルギー体の調和が回復し、チャクラのバイブレーションも調和されます。

エネルギーの調和とは、「高次のバイブレーションに近づく」という意味です。エネルギーは今まで以上に届きやすくなり、肉体はパワフルになっていくのです。

事故や怪我は自分が引き寄せたもの

クライアントに「足の骨折や捻挫、事故などの根本原因の多くは、あなた自身の思考や行いにあります」と話すと、ほとんどの人が驚かれます。

「事故は相手がいる場合が多いので、ちがうのではないですか」とおっしゃいますが、その人が事故を引き寄せている場合がほとんどです。また、足の骨折や捻挫も、ただの外傷で片づけられてしまうのがふつうですが、ほとんどの場合、怪我をした原因はクライアント自身に存在しています。

また、カルマ解消の目的であることも多く、事故や怪我をした直後にチャクラやエネルギーの異常が消えているケースが多く見られます。

いずれにしろ、原因はクライアントの潜在意識や超意識のなかにあり、それがチャクラや自律神経の乱れとなって伝わってきます。

自分を責めるタイプの人や、それにともなう自己愛の欠如が強い人も、事故や怪我を引き寄せるケースがあります。

自己愛の欠如はもっとも重要な問題です。クライアントに一度立ち止まってもらってでも、伝える意味があります。それほど潜在意識、超意識の思いは切実だからです。

心が「感情の乱れ」で歪んでいると、感情的になって理性を失い、一瞬の判断を誤ります。そこで事故や怪我を引き寄せます。冷静な判断さえできていれば、そうならなかったかもしれません。

つねに謙虚に、自分自身を見つめましょう。事故が起きたおかげでイライラしていた感情がおさまり、今までしていた運転のありかたをあらためられたなら、事故に感謝しなければなりません。

事故や怪我が自分の心の乱れからきている、と気づいて反省すればいいのですが、「なんで自分ばかりこんな目に遭うのか」という傲慢さが抜けない人もいます。するとときをはさんでまた、同じような怪我や事故に遭遇させられる可能性が大いにあります。けっして脅かしているわけではありません。それが現実なのです。

ネガティブ思考の連鎖を止める方法

ここまで私は、まちがった思考が病気をつくると述べてきました。

まちがった思考とは、わかりやすく説明すれば「考えすぎの思考」です。人はいろいろと考えるものですが、考えてはいけないのでなく、「考えすぎてはいけない」のです。

人の心からひとつの想念が生まれ、それが思考となって頭にくっつきます。その想念は自分で止めなければ、とめどもなく心の奥底から溢れ出し、思考となってあなたの頭にこびりつき、あなたを苦しめます。

想念から生まれた思考は、また思考を生み、そしてまたべつの思考を生み、やがてまちがった行動となってあらわれます。連鎖でひとつになった思考の数珠は、思考を止めなければ、どんどん重くなり、あなたの心を不安にして苦しめます。それは、終わりのない連鎖となってしまいます。

思考の連鎖から生まれた不安、苦しみは、実際、そこにはありません。あなたがただ、空想の世界でつくりあげただけのものです。人はだれしも、辛いこと、苦しいことから逃げたいと思います。その思考の根底にあるのは、自分を守ろうとする自己保存の思いです。

思考の連鎖によって「なんとか逃げられないか」「安全な場所はないか」と考え、

ますます自己保存の思考にかたよっていきます。そのうち、いつのまにか、自分を信じて自分の人生を歩む、という覚悟をなくしてしまい、恐怖に怯え、不安に襲われ、心の平穏が失われ、自律神経の乱れが起き、やがて病気をつくっていくのです。

では、どのように思考の連鎖を食いとめるべきでしょうか。

自分の身になにかが降りかかると、想念が生まれ、やがて思考が生まれます。ですから、この時点で、自らの思考に意識的に気づいてください。無意識で想念するうちに思考のパターンはできあがっていきますから、あえて意識的に自己保存の思考に注意を向けることです。

思考に気がついたら、それ以上、思考の連鎖が起きないように、そこで食いとめるか、それ以降の思考を切るようにしてください。

言葉の力を利用するのが効果的です。

スポーツ選手が自己暗示をかけるときのように、くりかえし、自分にたいして「これ以上考えてはダメ！」と語りかけてください。「考えるのは止めよう！」「もういいや!!」「終わり終わり！」という言葉もいいでしょう。

無意識に起きる思考の連鎖は、潜在意識の蓋が少し開いた状態です。自分の口から出た自己暗示の言葉は、その蓋の隙間から心の奥底まで響いて想念にまで届きます。思考を変えるとは、今までの人生でつくりあげた想念形態を、自分の強い意志の力によって変えることです。

想念は魂を形づくっている一部ですから、想念のまちがいに気づき、勇気を出して変えていくのは、魂の成長に必要なことです。

子供のクライアントでも思考を変えるのは可能です。子供はとても素直ですから、魂についた靄《もや》はまだそんなに多くはありません。「こんなふうに考えちゃだめだよ」と言えば、そのとおりに聞いてくれます。

子供を見習って、素直な気持ちで潜在意識の思いを書き換えましょう。

物事を楽観的に受け止めて、「中道」で生きる

思考の連鎖を起こすかどうかは、目の前の出来事をどう受けとめるのかによりま

す。

「困った」と感じれば、その瞬間から不安や恐れが生まれ、思考の連鎖がはじまります。本能的に危険から逃げようとして、心は興奮して攻撃態勢に入ります。まさしく、交感神経優位の状態です。

いっぽう、「まあ、いいか〜」と楽観的に受けとめれば、「そうなったら、そのとき考えよう」と思うわけです。これは、ふだんと変わらない状態です。

とらえかたによって、心におよぼす影響の度合いはまったくちがいます。それが本書で述べてきた、「なにを考えたかという思考が自律神経を乱す」という私の持論です。

正しい思考に自分の思考パターンを書き換えるとき、仏教の八正道《はっしょうどう》にある「正しく見る」「正しく思う」「正しく語る」を実践するのがおすすめです。

正しさの尺度は、これも仏教の「中道」を秤《はかり》とします。

中道とは真んなかを意味します。高くもなく低くもなく、ちょうどいいところという感覚。たとえば、ギターの弦は強く張りすぎたら切れてしまいますが、ゆるく張りすぎたら音が出ません。ちょうどよい加減の真んなかを選ぶと、きれいな音が奏でられます。これがまさに中道です。

中道を人間関係に応用してみましょう。

相手と自分という人間関係のなかから、多くのストレスや問題が発生します。そのとき、相手の立場、自分の立場の中間に立ち、正しく見て、正しく思い、正しく語るのです。

苦しみや不安、恐れなどは、自分の思考が極端にこのどちらかにかたよりすぎたときに起きます。かたよらず、相手を思いやる思考があれば、自分を守りたいという自己保存の傲慢な思考にはなりません。

椎間板ヘルニアの人の共通点

椎間板ヘルニアのクライアントは多く、どなたもかつて、精神的に落ち込んだ経験があるようです。

自律神経失調症（軽度も含む）の経験がある人ほど、ギックリ腰や腰椎椎間板ヘルニアになる傾向が強いようです。腰痛は、自律神経と密接にかかわり合っているからです。

仕事の悩みや将来の不安などで心（自律神経）が乱れ、内臓の機能が低下します。とくに消化器系の問題は腰痛を引き起こします。

過去の傷が原因で腰痛になる場合もあります。現在は精神的に回復した人でも、そのときの影響が傷跡のように腰部に残っている人がいます。もう忘れたはずの出来事が原因だった、とは信じられないかもしれませんが、実際には多く存在します。

この歪みが身体に残ると、慢性的にぎっくり腰になりやすい状態をつくり、治りの悪い慢性腰痛になっていきます。

だれでも、人生において心が落ち込む経験は少なからずあると思います。

そのときの落ち込む度合いが深ければ深いほど、身体に記憶される傷跡も深く刻まれています。

では、なぜ傷跡となって残ってしまうのでしょうか。それは、そのことへの執着が残っているからです。自分のまわりで起きたいやな出来事をいまだに憎んでいたり、恨んでいたり、否定したりして受け入れていないからです。

すべての物事には意味があり、そこからなにを学び、自分の人生の糧としていくか。その意識が欠如しているから、執着が残るのです。

自分に起きた出来事に文句を言ったり、なぜ自分ばかりが、と不満を漏らしたりしても、楽になるはずがありません。自分の心についた塵やほこりは、自ら気づかなければ一生引きずって生きていく運命になります。

自分の思考や行いのどこにまちがいがあったのかを知り、同じ失敗をくりかえさないようにしてください。気づいた結果、腰痛が劇的に治っていくケースは非常に多く見られます。

心は気づきを求めている

心は顕在意識ではなく、潜在意識です。本人が思っていなくても、心は貪欲に気づきと学びを求めています。

しかし、顕在意識で気づきを得るには、苦しみや悲しみ、恐れなどの経験を選択しなければなりません。今世で避けたい、逃げたいものに多くの気づきや学びがあり、それを経験してこそ成長できるので、心が求めるのです。

顕在意識では、心がなにを求めているのか、わからないのがふつうです。多くは心から起こる伏線がさまざまな形に変わって自分の前に現象化されてきます。

どんな小さな些細な出来事でも、もしかしたら心から出た伏線の可能性もあります。また、たとえ自分にとって最悪な出来事でも、もしかしたら、心の望む成長のための伏線かもしれません。

どんな些細なことにも意味があるとなると、生きるのはとてつもなく意味の大きなチャレンジであり、人生にはかならず目的があるとわかってきます。

心が望むメッセージのひとつのあらわれに、肉体の痛みや症状があります。その痛みや症状をきらっている人が多いのはほんとうに残念に思います。人の意識が変わり、痛みや症状にたいする気持ちが変われば、苦しみや悲しみもこの世からなくなっていくのに、と私は考えます。

あなたは、どれだけ自分にたいして繊細に対応しているでしょう。

心が望むメッセージがわかりやすく伝わるように、あなたへ送られてきているのに、まちがったとらえかたをしていたら、そのメッセージはいつまでたっても消えません。もし、今、痛みや症状があって、これ以上苦しむのはいやだと感じているのであれば、すぐに身体と対話をはじめましょう。そして、自分の発言や行動は「愛」のあるものなのか、反省が必要です。心が超意識である以上、すべてはひとつという意識で、やさしさと慈悲の気持ちを芽生えさせることが成長のヒントになるでしょう。

自分のために生きる

自分に正直に生きられたら、どんなに楽しいだろう。そう思ったことはありませんか。他人に嘘をついても気づかれないかもしれませんが、自分に嘘をつけば、自分にはっきりわかってしまいます。

自分に嘘をつくと、心が動揺してドキドキしたり、落ち着きがなくなったり、人に八つ当たりしたり、言葉が震えたり、汗をかいたり……その心の動揺はちがう形で表現されてきます。

どんなに上手に嘘をついても、自分自身には絶対嘘はつけず、心の動揺はそのまま心の形を歪ませ、魂に陰りとなって付着して光を奪っていきます。

自分のために生きることに罪悪感をもちながら生活している人がいます。自分本位だったり、自分勝手だったりという生きかたは、世の中の調和を乱す原因ですが、「自分のために生きる」は、けっして不調和ではありません。

しかし、自分のために生きようとしても、そこに他者がかかわると、かならず不調和が発生するものです。たとえば、だれかが苦しんでいるとします。その人のことが気になって、自分らしくふるまうのを躊躇する場合があります。

また、だれかが正しいと思って発言したとき、自分の考えに自信がなく、主張するのをやめてしまい、不本意ながらしたがってしまうケースも、少なからず経験しているかもしれません。

このように、生活のさまざまな場面で、自分のために生きるのを阻害される現象に遭遇します。そのあげく、自分のために生きているはずが、いつからか他人に支配されながら生きる存在になっているのです。

でも、よく考えてみてください。他人を気にするあまり、自分を排除してしまう行為は不調和と言えるのではないでしょうか。

「オギャー」と生まれてきた赤ん坊は、だれかのために乳を飲んでいるのでしょうか。また、だれかのために笑顔を振りまいているでしょうか。

もし、だれかのために生まれてきているとしたら、乳を飲んだあとや笑顔を振りまいたあと、ぐったりと疲れ果てているはずです。

自分のために生きることと、自分勝手はちがいます。相手の立場を考えず、自分さえよければいいというかたよった思考が自分勝手です。

そうでなければ、自分のために生きてなにが悪いのでしょう。すべては自分のために生きながら、そこに相手を思いやる心があれば、なんの問題もないはずです。

自分のために生きることは、生まれてきた者にとっての本来の目的です。相手を思いやって自分のために生きられるなら、自分はもっと輝き、楽しく毎日を送れます。楽に生きることに胸を張っていいのです。

罪悪感や自責の念は、自分のなかに「自我」がある証拠です。そこには、「自分をよく思われたい」「自分を敵と思われたくない」という、それこそ自分勝手な思考が存在しているのです。

自分軸で見て、他人の想念に引き込まれない

人間はひとりでは生きていけず、だれかに寄り添って生きています。ただし、だれに寄り添うかで事情はかなり変わってきます。世のなかにはさまざまな個性を持った人たちがいますから、ともすると、油断しているうちにほかの個性に引っ張られるケースがよくあります。

いやな人ばかりに囲まれていれば、生きた心地はしないでしょう。逆に、好きな

人や楽しい人達に囲まれて生活していたら、寄り添うことに抵抗はないはずです。

とはいえ、世のなかは複雑です。同じタイプの人間のように見えても、実はそこに優劣をつけられていたり、見えない闇の部分ではその人達に支配されていたり、表面的にはいい人のように見えても、なかなか心の内を見せない人もいたりします。

裏切りや策略のような醜い行為もあり、人の影の部分を見ないで暮らすのはなかなかむずかしいものです。

これといった被害を受けていなくても、相手に心の暗い影を感じただけで、妄想からその悪意を恐れ、不安にかられて、自らを相手の想念に支配されてしまうケースもあります。そうならないためにも、自分の心を鎮めて、相手の心の波長に合わせないようにしてください。

まず、他人と自分はまったくちがう生き物だ、という認識をもつことが自分の軸を保つうえでよい方法です。そして、冷静に、客観的に自分を評価して、コントロールしていきます。もうひとりの自分をつくり出し、冷めた見かたをする思考に徹するのがいいでしょう。

なにかあっても、他者への批判、責めは最小限に抑えてください。「あの人は、そんな世界を楽しんでいるんだ」「あの人は、そういう生きかたを選んで生きているんだ」という思考を自分のものとして、他人の個性とつきあっていければ楽しいと思います。

だれでも人を癒せる時代に

私のセミナーで、解剖学をさほど知らない多くのかたが、骨格や内臓を本来の状態にもどしていくのを見てきました。

解剖学をさほど知らないというのは、受ける側からすれば怖い印象があるかもしれません。しかし、自分でも人を癒すことができるんだ、という確信を持ってから勉強してもいいのではないかと私は考えています。なぜなら、人は必要としなければ学ぼうとしないからです。いくら知識を頭に入れたところで、無用の長物になりかねません。

さらに、もうひとつ理由があります。

私はセミナーで「知識や技術にとらわれていると、うまくいきませんよ」とよく言います。

知識や技術があるために、そのときに感じたことを「こうだ！」と決めつけ、本質を探究する道を閉ざしてしまう例があります。また、少しばかり技術があるために、治療に行き詰まり、困り果てると、昔習った触《ふ》れる技術でその場しのぎの自己保存の行動に出る場合もあります。

私が推奨するエネルギーヒーリングは、肉体をエネルギーの塊として見るので、解剖学を知らなくても人を癒せます。

ちなみに、治療家にも「痛みや症状にとらわれるな」「治そうと思うな」と言う人がいますが、それはまさに、自分の目から入る情報、クライアントの口から発せられる「痛い」「苦しい」「治らない」などの言葉によって、治療家の信念に迷いが生じないようにする心がけなのです。

そういう意味では、治療家としては初心者だったり、まったく解剖学を知らなかったりするほうが、先入観もなく、素直に直感を信じられます。その結果、質の高いエネルギーをクライアントに流せるわけです。

多くの人は、なんの知識もないまま、治療の世界に入るのを敷居が高いと感じるようです。でも、他人の身体にさわったこともない、自分の肩コリさえ楽にできないという人達の心の奥底に、ほかの人も癒して元気づけてあげたい、という思いがあるのを私は知っています。

人間は本来、「愛」そのものです。この愛のエネルギーは、人間に生まれつきそなわった「慈悲の心」だと思います。

「慈悲の心」は仏性です。仏性とは、個人がまわりに与えることで、自らの煩悩も消し、苦しみにもとらわれず、多くの人の苦しみをも救っていける境涯を開くもの、とされています。

人を癒す、人を苦しみから救うのは尊い仕事です。だれでも人の役に立ちたい、人を助ける仕事がしたいと望む意味もわかります。

あなたの心はそれを知っています。

巻末付録　クライアントの症例集

では、最後にクライアントのいくつかの症例をご紹介します。今後のカウンセリングに役立てていただければ幸いです。

約2年ぶりの来院、チャクラがほぼ全滅の女性

この方は、来院したとき、うつ傾向にある人の様相を呈していました。生気があまり感じられない状態です。

メンタル体が不調和、ブラウチャクラ以外のチャクラもすべて不調和な状態。椎間板の歪みあり。主訴も肩コリ、吐き気、頭痛、倦怠感、不眠、不安感など自律神

経の疾患をもつ人の症状そのものでした。

こうした場合、とくにルートチャクラの不調和は見逃せません。心の状態もざわざわしていましたから、身体の不調和は自らがつくりだしたもの、という認識を本人にもっていただかなくては、今後、よくなることはないと思いました。

まず、自分にたいする自分の評価はどんなものか、自分をどのように思っているのかをご自身の口で言っていただきました。

次に、だれにたいして、どんな不満や愚痴があるのかを聞きました。すると、彼女の口から出る言葉は、不平、不満、愚痴、泣き言、悪口、文句などでした。

その言葉や思考は愛のあるものでしょうか。

人間として正しい生きかたとは、正しい思考、行いにあるのです。クライアントが愛のある思考に変われるように、私はやさしく、ときに強く誘導していきました。しだいに、クライアントの顔色は赤みを帯び、とりまくエネルギーにも光が出てきて、心から反省したことが感じられました。

人にやさしくできない自分がいやになる気持ちはわかります。

それは、満たされない自分にたいする、怒りや不満のあらわれなのです。人に愛のある行為をしたいと心のどこかで望んでいたのですが、自分の満たされない心へのかたよった意識が、全体の不調和をつくり出したのです。

そこには、だれかに与えられてこそ愛だという、まちがった考えがありました。自分を愛おしく感じられず、意味のある存在とも認められず、自分の欠点さえも自分だと受け入れられませんでした。

そんな見方を変えることが重要です。自分を愛せるからこそ、人を受け入れ、愛することができると思います。

カウンセリング後は、自らの思考の過ちに気づき、チャクラ、エネルギー体ともに調和をとり戻し、今では毎日を楽に、元気に生活しておられます。

足の骨折の予後の調子が悪く、なんとかしてほしい

このクライアントのエネルギーは、アストラル体の不調和とハート、スロート、

クラウンチャクラに問題がありました。

アストラル体は感情体と言われ、負のエネルギーが共鳴することでも不調和を起こします。そのような特徴的なエネルギー体ですから、クライアントの心は感情的に動きやすいと感じました。

言いたいことを言えない、我慢する思いは、自己犠牲となり、自らの心も歪めていったのでしょう。自分を抑圧するのは、自分の心に嘘をつくようなものです。いつも心は揺れ動き、自分らしくふるまえない辛さで、そのストレスは溜まっていきます。

知らず知らずのうちに、自らの想念が不平や不満、愚痴、泣き言、文句といった不調和なものへと変わり、エネルギー体も乱れていったのでしょう。アストラル体の不調和が、事故や怪我を引き寄せるケースもあります。

自らのエネルギーと向き合い、不調和の原因を自分の中に見つけられたので、ヒーリング後には違和感もなく歩行できるようになりました。

背中の痛み、首や肩の痛み、倦怠感のある人

このクライアントは、おもにメンタル体、ハート、スロートチャクラが不調和でした。

ハートチャクラの不調和の特徴は背中の痛みであり、心臓や肺などの問題を起こすケースが多く見受けられます。

このクライアントの場合は、横隔膜の問題がハートのチャクラから来ていました。横隔膜の問題は身体のだるさにつながったり、内臓の機能障害を起こしたりします。また、スロートチャクラは喉の問題や気管、気管支、甲状腺の問題を起こします。

幼少のころから我慢することを選んできた生活が、大人になってからの自己犠牲のはじまりにつながったのです。なんのために生まれてきたのかをカウンセリングによって気づいてもらい、自分の思いをいつも後回しにしてきた人生を反省したクライアントは、自分の思いを大切にすることが自分を愛することだと気づき、体調

がよくなっていきました。

目の奥の痛み（30代女性）

仕事をバリバリこなすキャリアウーマンです。

約3年前から目の奥が痛みはじめたそうです。チャクラの不調和は、ソーラ、スロート、ブラウ、クラウンチャクラにありました。

ソーラ、スロートチャクラの不調和から、人間関係のストレスが多いとすぐにわかりました。とくに、ブラウチャクラに行き詰まりを感じたので、ストレスを溜めこんでいると判断しました。

過去のチャクラを見ると、ハートチャクラの不調和があり、自己愛、または他者愛に不調和があったとうかがわれました。

過去にどんな思考があったのか、お話ししていただきました。

そのときの話から、いかに自分本位の思考なのかを自分で感じてもらい、認めてもらいました。潜在意識の声を自ら素直に聞くうちに、目の奥の痛みは薄れていきました。

多少、腰が重い。チャクラの診断を希望（30代女性）

彼女はセイクラルチャクラが不調和で、後方と左に傾いていました。スロートチャクラにも不調和がありました。

セイクラルチャクラの不調和は、過去の意志の弱さが原因で、今もなお、そのときの想念がよぎるという「とらわれ」を意味しています。

お話は以下のようなものでした。

2歳まではお婆さんに育てられ、その後は両親と過ごしたものの、2人とも仕事が忙しく、朝から晩まで託児所に預けられる生活が続いたそうです。

そのときの思いが、セイクラルチャクラとスロートチャクラにあらわれています。寂しさや苦しさを抑圧して、我慢が「愛」だと思い込んだ日々。「わがままを言ってはいけない。両親もたいへんなんだ、我慢しなければ」と、自分の心に嘘をついた生活をしてきました。

そんな幼いころの生活が、今の彼女の思考や行いを決定していました。すべてにおいて「我慢しなければ」という思いから、やりたいことをやることへの罪悪感がありました。

自分の思いを無視するという、自尊心の欠如。

そんな自分をつくったのが、幼いときの環境でした。幼い心で親を気づかうあまり、自分を抑え、犠牲にして、人生に「我慢」という足かせをつけてしまいました。

セッションで潜在意識の声を聞いて、彼女はほんとうの自分の思いを実現するきっかけをつかんだようです。

我慢は「愛」ではありません。自分を愛して輝いてこそ、まわりの人も元気にできるのです。彼女は潜在意識から「自分を表現してもいいんだよ」という許可を与えられたのだと思います。

腰が重だるい、疲れやすい治療家（30代男性）

腰が重だるい、疲れやすい、さらに、歩く際に不安定でO脚《オー》の男性。非常に重いエネルギーで、アストラル体の不調和がありました。

また、ルートチャクラ以外はすべて不調和という結果でした。肉体レベルの大きな問題では、Ｌ４椎間板（腰椎の４番目）の変位がありました。

身体にあらわれていたほとんどの症状は、アストラル体にあった負のエネルギーに原因がありました。負のエネルギーを共鳴させる、治療家に多いまちがった愛の考え、思考に問題があると感じました。

「治さなければ」「俺が治す」「治療は時間をかけて」……これらは、すべて「自我」です。自我はとても傲慢な考えで、そこに普遍的な愛は存在しません。負のエネルギーを共鳴させないためには、謙虚さが必要です。

さらに、お聞きすると、やはりブラウチャクラに関連の深い「仕事の行き詰まり、迷い」という言葉が出てきました。不安や恐れで心は揺れ動いていましたが、それは見えない未来にたいして、勝手に思っているにすぎません。

なにかを変えるのはとても勇気が必要ですが、一歩を踏み出すことで多くのサポートが得られます。自分の夢は自分でつかむのです。

右背部痛（48歳男性）

メンタル体に不調和、ソーラ、ハート、スロート、クラウンチャクラに不調和がありました。

はじめにL4椎間板や骨盤の歪みをとってみましたが、背部の痛みはそれほど変わりませんでした。

やがて、5年前からハートのチャクラに不調和があったとわかり、5年前の様子をうかがいました。すると、このクライアントは人を信じられなくなるほど、人に苦しめられた経験がありました。

そのときの相手にズタズタにされ、不安、恐れ、悲しみ、辛さのすべてを味わい、癒されないままに5年という月日が過ぎ、気がつけば自尊心をなくした自分がいました。そして、ひとりでいる寂しさや不安、やりきれない思いから、すべてにやる気を失いかけていました。

それは、自分自身を愛せていないからでした。

いろんな経験を自分の腹のなかだけにとどめて、いやな経験にしてしまっては、癒しは起きません。多くの経験によって魂の学びがあり、成長があるのです。強さが求められていました。

私は、過去の出来事、その経験に対して意味づけするということを伝えました。

クライアントは、すべてのことに意味があり、その結果今があるのだと思うことで、感謝の気持ちがあふれてきた様子でした。

1か月前くらいに風邪をひき、それから喉の違和感がとれない

このクライアントはエネルギー体に問題はありませんでした。

ところが、思考を見ると後方にずれ、左に傾いていました。チャクラでは、ハートが後方と左、スロート、ブラウ、クラウンチャクラもすべて左に傾いていました。

思考が後方に傾いているのは、過去へのとらわれがあるということです。それも、ハートチャクラで過去のとらわれがある＝過去にいやな思いがあって傷ついた、とわかりました。

そこをポイントにお話ししていくと、やはり職場において過去にいやな思いがあり、今もその人を見ただけで心が揺れ動き、感情の乱れが起きるようです。

多くの人達がともに働く職場には、さまざまな心の状態の人が混在しています。

魂のレベルがちがう人が混在する現世では、自分の考えでは理解できない人がいるのも事実です。

職場というレベルで人を見てしまうと、多くの不安や恐れを生みますから、このようなケースでは、自分の視点を変える必要があります。職場環境、男、女という性別の観念でなく、ひとりの人間というレベルに意識を上げて、相手のよいところを感じてみます。

このクライアントの人にたいする思い込みは愛のないものでした。

相手を理解しようとする前に勝手に判断し、妄想し、勝手にきらっていたのです。思い込みで苦しみをつくり、自分の足かせとしていました。

過去に意識をもどし、あのときの自分の考えかたは相手を思いやる愛の表現だったのかと考えれば、自分の気持ちがわかります。

それに気づいたら反省し、今からは同じ過ちをしないことを誓い、実行していくだけです。

めまいがする（40代男性）

半年前よりめまいがあり、眼科に通っているものの、いっこうに回復せずに来院。エネルギー体はアストラル体に不調和。チャクラはソーラ、ハート、スロート、クラウンに歪みがあり、ハート、ソーラともに後方と左側に歪んでいました。また、L4椎間板の歪み、指のリウマチもありました。

お話をしていて、クライアントの口からは、仕事の失敗の話がたくさん出てきました。窓際族に追いやられた転落人生の不平、不満、愚痴、泣き言、文句……。

今の症状の原因を外側に探していましたが、自分のなかに答えがあることをはじめから知っているようでした。

私と話して、あらためて自分の過ちに気づいたようです。

6年以上の慢性的な頭痛、吐き気（20歳女性）

慢性的な頭痛、吐き気が、もう6年以上続いているとか。とてもきれいでまわりから羨ましがられるだろう容姿をもつ女性です。

話を聞いてみると、今は人を輝かせる仕事をしているものの、心の奥底では自分が輝きたいと思っている人でした。そんな顕在意識と潜在意識の思いのギャップがチャクラを不調和にしていました。

彼女のチャクラは多くのメッセージを私に送っていました。

メンタル体に不調和をもち、チャクラもセイクラルチャクラ（下から2番目）から上がすべて不調和でした。

症状が頭痛と吐き気だけですんでいたのが不思議なくらいです。このような人は、まわりからのサポートに恵まれているケースです。この状態で腰痛が起きれば、うつや自律神経の疾患へと移行していたかもしれません。

輝いているように見えても、実際にはまったく輝けずにいる。やりたい気持ちがあっても前に進む勇気が湧かず、一歩も踏み出せなかった人生。このままでは、なんのために生まれてきたのかもわかりません。

そうならないためにも、勇気を出して自分の心にしたがった生きかたを実践していただきたいものです。一歩を踏み出す勇気がなかっただけですから、「こうなりたい」という、心の声にしたがって進むのです。

彼女の長年続いた頭痛や吐き気はすぐにおさまりました。自分を表現することに対して躊躇《ちゅうちょ》していた彼女は、自らの心に従い、表現することに対する恐怖心を克服したのです。今では、自分が本当にやりたかった仕事に就くことができています。

肩がこる（自営業・30代女性）

肩コリで来院されましたが、それよりチャクラが気になりました。

メンタル体のエネルギーの不調和とハート、スロート、クラウンチャクラの不調和がありました。ハートとスロートチャクラがカルマ的なエネルギーだったので、そのあたりからカウンセリングをはじめました。

いろいろお話を聞かせていただくと、過去において大事な選択をするとき、自分自身よりもご両親の思いを優先していて、自己犠牲がつきまとっていました。

結婚したいと思った人ともご両親の反対で結婚できず、今の旦那様とはお見合いで結婚しています。とはいっても、今の旦那様との生活にも家族にもたいへん満足しておられ、ご両親にも感謝の気持ちをもっている様子でした。

それなのに、なぜ、いまのエネルギーに不調和があらわれるのでしょうか。

心の奥底に、今もなお、自分の意見を通せない恐れや不安があるからです。それが足かせとなって自分を苦しめ、なにかあるたびに、自分を表現するとき、ネガティブなことを考えてしまうのです。自分のほんとうの思いを表現できないところに、自己犠牲や自己愛の欠如が生まれます。

今までだれかの意見に左右されて決めてきたことは、自分の意思ではなかったかといえば、そうではありません。すべては自分の意思で決めていたのです。

このクライアントの場合、結婚しようと思った人との破局も、実際は自分の意思で決めていたはずです。ほんとうに愛していたのなら、駆け落ちでもしていたでしょう。

多くの人が、自分の意思で決定したことをだれかのせいにしがちです。自分を擁護する思考が無意識で働くのでしょう。そして、今もなお、その思考から抜け出せずにもがき苦しんでいるのが、このエネルギーの不調和です。

潜在意識の壺の奥では、いまだにお父様にたいする気持ちが「悪」のままでした。勝手に悪者にしていたのですが、これを「善」に変えるべく、思考をチェンジする必要がありました。

自分の不調和は自分でつくりあげた幻想です。勝手な思い込みから、自分の人生を辛く苦しいものに変えてしまっています。

そんなことを数分もお話ししていたら、もうすっかり肩も楽になって、「そうだったんですね！」とご本人も喜んでいました。

イライラする（主婦・20代女性）

アストラル体の乱れと感情の乱れがエネルギーで伝わってきました。

この女性は無意識に比較を行っていました。今の旦那さんと昔の彼との比較です。もし、この人が昔の彼だったら、昔の彼女だったら……そんな思いはだれにでもあります。

しかし、現実に「もしも」はありえませんから、比較に意味はありません。比較とは、自分の思いを正当化したいだけの自己保存からきています。

クライアントのチャクラは、このような不調和な思いが多いことを伝えていました。今の環境にたいする不満もありましたが、すべては比較から芽生えた思いといえます。比較に意味がないと理解すれば、変わります。

比較する、とは、「今」に対する感謝が足りないということです。無意識に不平、不満、愚痴、泣き言、文句ばかり、否定的なことばかりつねに考えるのが習慣になっていたようです。いったんそうなると、人は無意識に、ネガティブな思考を一日に何万回と繰り返すようになるのです。毎日毎日、自分の心を汚しているようなものです。

しかし、自分が無意識に行っていることに気づきさえすれば、その日からすぐにすべてが好転していくのです。

おわりに

「魂を大きくして、磨き、輝かせる」

すべての人はこれが目的で地球に生まれ落ちています。

多くの経験に悩み、苦しみ、それを乗り越えたときに魂の器は大きくなります。小さい器では入らないものも、大きな器に変われば多くのものが入ります。

小さい器では感じられなかったことが、大きな器になったら感じられるようになります。いままであたりまえのように感じていたことに、感謝の気持ちをもてるようになります。

どうしてあんな小さなことで自分は悩んでいたんだろう、と、あとになって思うのは、魂の成長とともに、意識の次元が上がったことを意味しています。

鏡は時間の経過とともに塵やほこりがつき、買ったばかりのころの輝きがなくなり、曇っていきます。そうなれば、息を吹きかけて布でごしごしと磨きます。それと同じように、魂についた塵やほこりもまた、自らとりはらい、魂を磨かなければなりません。それが魂を成長させるということです。

まずは、「気づき」が必要ですが、一方で、塵やほこりは、過去から現在において、無意識、または意識的に思考や行為が「愛」のもとで達成されていない場合、魂についてしまいます。ですから、ふつうに暮らしていて気づくのはむずかしいのです。気づくためには、過去へ記憶をさかのぼり、自らの思考や行為を顧みることが必要です。瞑想によって過去へ意識をもどし、潜在意識の奥にしまい込んでしまった記憶、出来事を思い出すことです。

あのときの自分にまちがいがなかったかどうか。愛のある言葉や行いだったのか。第三者の立場で冷静に判断しなければなりません。中道という立場に立って、相手と自分を見ることです。

その結果、気づいたら、なぜそのような思考や行いをしてしまったのか、客観的な立場で検証し、過ちに気づき、過去を訂正していきます。

人生はスパイラルです。ときと環境を変えて、過去にクリアできなかったことをなんども経験させてくれます。そこをクリアすれば、魂は大きく成長します。すぐにまったくちがう人生がはじまり、魂の成長のために生かされていると気づくでしょう。その結果として、多くの人々を痛みや苦しみから救えるのです。

本来、自分の生きかたをしている人は、自然と人の上に立ち、多くの人の模範となり、先導する立場になります。そのような人は、だれもがそこに到達したいと思うような考えをもってふるまい、身をもってその生活ぶりを見せるべきです。

治療家、カウンセラーのみなさんは、自分がなぜ生かされているのか、なぜ人の上に立ち、先導役をまかされているのか、考えてみてください。謙虚にふるまい、大きなビジョンをもって、先導役として他者の意識を引き上げてくださることを心から願っています。

最後まで本書をお読みいただき、ありがとうございました。

二〇一五年十二月　橋本典之

☆著者紹介

橋本 典之（はしもと のりゆき）

1965年、静岡県に生まれる。柔道整復師の資格を取得後、整形外科や整骨院に勤務し修行を重ねる。

1994年、がもん整骨院を開院。多くの患者が集まり順調な経営だったが、新しいビジネスモデルを追い求めた結果、多店舗経営に失敗。人生のどん底を体験することになったが、それを契機として再び治療家の道へ立ち返ることになった。

その後、独自のソーラ・ヒーリングを開発し、現在は、ほとんど相手に触れることなく話すだけで症状を改善させるヒーリングを行っている。

また、「多くの人の心が丸くなり、自分らしく輝くことで、調和と愛で満ちた世界になるように」との思いを実現するため、ソーラ・ヒーリング・アソシエーションを設立し、後進の育成にも力を注いでいる。

〈著書〉
『触れずに治すソーラ・ヒーリングメソッド』（現代書林）
『魂のメッセージをもっと上手に聞く方法』（現代書林）
『病気を消す力ソーラ・ヒーリング』（元就出版）

〈DVD〉

『ソーラ・ヒーリングセミナーDVD〈アチューンメント〉手技療法家のためのエネルギー施術』（カイロベーシック社）

病気の原因はチャクラが教えてくれる
「気づき」で治す、チャクラカウンセリング

2016年1月21日　初版第1刷発行
2020年10月1日　初版第3刷発行

著　者　橋本 典之
発行者　韮澤 潤一郎
発行所　株式会社 たま出版
〒160-0004 東京都新宿区四谷4-28-20
☎ 03-5369-3051（代表）
FAX 03-5369-3052
http://tamabook.com
振替　00130-5-94804

組　版　一企画
印刷所　株式会社エーヴィスシステムズ

ISBN978-4-8127-0387-8　C0011